いちばん
やさしい
Word
2019

スクール標準教科書　応用

日経BP

はじめに

本書は次の方を対象にしています。

■ Word 2019 の基本的な操作を習得されている方。

■「いちばんやさしい Word 2019 スクール標準教科書 基礎」を修了された方。

制作環境

本書は以下の環境で制作、検証しました。

■ Windows 10 Enterprise（日本語版）をセットアップした状態。

　※ほかのエディションやバージョンの Windows でも、Office 2019 が動作する環境であれば、ほ
　　ぼ同じ操作で利用できます。

■ Microsoft Office Professional Plus 2019（日本語デスクトップ版）をセットアップし、Microsoft
　アカウントでサインインした状態。マウスとキーボードを用いる環境（マウスモード）。

■画面の解像度を 1280 × 768 ピクセルに設定し、ウィンドウを全画面表示にした状態。

　※上記以外の解像度やウィンドウサイズで使用すると、リボン内のボタンが誌面と異なる形状で
　　表示される場合があります。

■プリンターをセットアップした状態。

　※ご使用のコンピューター、プリンター、セットアップなどの状態によって、画面の表示が本書
　　と異なる場合があります。

リボンインターフェイスの外観

本書では、解像度が 1280 × 768 ピクセルの画面上に、最大化した状態のウィンドウを説明図とし
て挿入しています。Word 2019 で採用されているリボンインターフェイスは、ウィンドウのサイズ
によってリボン内の機能ボタンの表示が変化するため、本書と学習中の画面のボタンの形状が若干
異なる場合があります。

《本書のリボンインターフェイスの外観》

《ウィンドウサイズが小さい状態のリボンインターフェイスの外観》

おことわり

本書発行後（2020 年 11 月以降）の機能やサービスの変更により、誌面の通りに表示されなかった
り操作できなかったりすることがあります。その場合は適宜別の方法で操作してください。

事前の設定

画面を誌面掲載と同じ状態にして学習するには、Word 2019 を以下の設定にしてください。

● 編集記号を表示する

[ホーム] タブの [編集記号の表示 / 非表示] ボタンをクリックしてオンにします。

● ルーラーを表示する

[表示] タブの [ルーラー] チェックボックスをオンにします。

● ステータスバーに行番号を表示する

ウィンドウ下部のステータスバーを右クリックし、[行番号] をオンにします。

表記

○ **画面に表示される文字**

メニュー、コマンド、ボタン、ダイアログボックスなどで画面に表示される文字は、角かっこ（[　]）で囲んで表記しています。アクセスキー、コロン（:）、省略記号（…）、チェックマークなどの記号は表記していません。なお、ボタン名の表記がないボタンは、マウスでポイントすると表示されるポップヒントで表記しています。

○ **キー表記**

本書のキー表記は、どの機種にも対応する一般的なキー表記を採用しています。なお、2 つのキーの間にプラス記号（+）がある場合は、それらのキーを同時に押すことを示しています。

○ **マウス操作**

用語	意味
ポイント	マウスポインターを移動し、項目の上にポインターの先頭を置くこと
クリック	マウスの左ボタンを 1 回押して離すこと
右クリック	マウスの右ボタンを 1 回押して離すこと
ダブルクリック	マウスの左ボタンを 2 回続けて、すばやく押して離すこと
ドラッグ	マウスの左ボタンを押したまま、マウスを動かすこと

○ **マーク**

マーク	内容
STEP	操作の目的・概要
1	操作の手順
→	操作の結果
💬	操作に関する補足
OnePoint	補足的な情報

○ **クラウド（OneDrive）の利用について**

本書では、学習者の環境の違いを考慮し、ファイルの保存先をローカルに指定しています。クラウドへの保存操作は取り上げておりません。

○ **拡張子について**

本書ではファイル名に拡張子を表記しておりません。操作手順などの画面図にも拡張子が表示されていない状態のものを使用しています。

実習用データ

本書で学習する際に使用する実習用データ（サンプルファイル）を、以下の方法でダウンロードしてご利用ください。

ダウンロード方法

① 以下のサイトにアクセスします（URL の末尾は、英字 1 文字と数字 5 桁です）。

> https://project.nikkeibp.co.jp/bnt/atcl/20/P60640/

② 関連リンクにある［実習用データのダウンロード］をクリックします。

※ ファイルのダウンロードには日経 ID および日経 BP ブックス＆テキスト Online への登録が必要になります（いずれも登録は無料）。

③ 表示されたページにあるそれぞれのダウンロードのアイコンをクリックして、適当なフォルダーにダウンロードします。

④ ダウンロードした zip 形式の圧縮ファイルを展開すると［スクール応用 _Word2019］フォルダーが作成されます。

⑤ ［スクール応用 _Word2019］フォルダーを［ドキュメント］フォルダーなどに移動します。

ダウンロードしたファイルを開くときの注意事項

インターネット経由でダウンロードしたファイルを開く場合、「注意——インターネットから入手したファイルは、ウイルスに感染している可能性があります。編集する必要がなければ、保護ビューのままにしておくことをお勧めします。」というメッセージバーが表示されることがあります。その場合は、［編集を有効にする］をクリックして操作を進めてください。

ダウンロードした zip ファイルを右クリックし、ショートカットメニューの［プロパティ］をクリックして、［全般］タブで［ブロックの解除］を行うと、上記のメッセージが表示されなくなります。

実習用データの内容

実習用データには、本書の実習で使用するデータと CHAPTER ごとの完成例などが収録されています。詳細については［スクール応用 _Word2019］フォルダー内にある［スクール応用 _Word2019_ 実習用データ .pdf］を参照してください。

Contents　いちばんやさしい Word 2019 スクール標準教科書　応用

CHAPTER 1　図形を利用した文書を作成する

CHAPTER **2** 文字を自由に配置した文書を作成する

CHAPTER **3** 複雑な表を作成する

CHAPTER 4 タブを利用して文書を整える

CHAPTER **5** 効率的に文書を修正する

CHAPTER **6** 差し込み印刷の文書を作成する

1

図形を利用した
文書を作成する

Word は、文書内に丸、四角、星、線、多角形などの図形を描画することができます。装飾としての効果はもちろん、重要な箇所を目立たせたり、分かりにくい事柄を視覚的に伝えたりするときなどに役立ちます。

1-1 図形描画の基本を身に付ける

Wordでは、さまざまな**図形**を描画して文書に挿入することができます。
図形は文書を装飾するアクセントとして利用するだけでなく、地図を描いたり、文章では伝わりにくい事柄を表したり、実用的な面でも役に立ちます。ここでは、図形を扱うための基本的な操作を学習します。なお、図形の他、写真やイラストなどの画像をまとめて**オブジェクト**と呼びます。

LESSON 1 | 図形を描画する

Wordで描画できる図形には、以下のような種類があります。

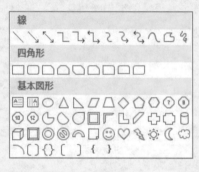
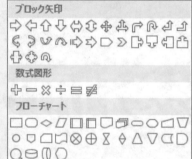

一覧の中から描画したい図形を選び、文書内で**ドラッグ**して描画します。
描画時のドラッグの長さや角度によって、図形のサイズが決まります。ただし、サイズは後から変更できるため、描画時には正確なサイズでなくても問題はありません。

図形描画の操作例

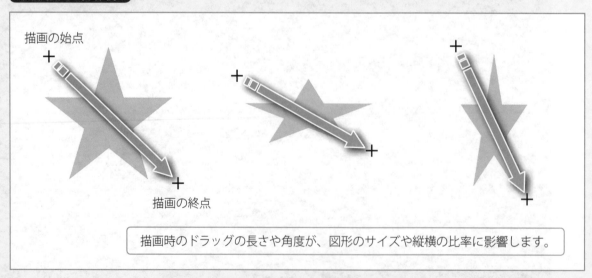

描画の始点

描画の終点

描画時のドラッグの長さや角度が、図形のサイズや縦横の比率に影響します。

STEP 星の図形を描画する

1 実習用データの文書「Chap1_天体観測会のお知らせ」を開きます。

> ▼📁 スクール応用_Word 2019 ▶ ▼📁 CHAPTER1 ▶ W「Chap1_天体観測会のお知らせ」

> 💬
> 実習用データはインターネットからダウンロードできます。詳細は本書のP.（4）に記載されています。

2 ［挿入］タブをクリックします。

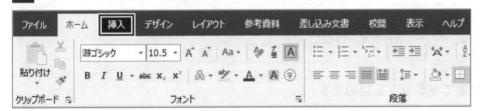

→ リボンの表示が［挿入］に関する内容に切り替わります。

3 ［図形］ボタンをクリックします。

→ 図形の一覧が表示されます。探しやすいように図形ごとに分類されています。

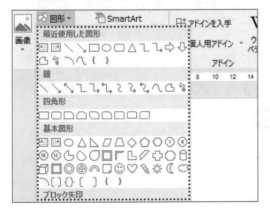

4 一覧から［星とリボン］の［星：5pt］をクリックします。

図形の名前が［星：5pt］ではない場合があります。同じ名前の図形が見当たらない場合は、図形の一覧の位置や形などを参考に選択してください。

→ マウスポインターの形が ＋ に変わります。

5 描画を開始したい位置でドラッグを始めます。

6 描画を終了したい位置でドラッグを終わります。

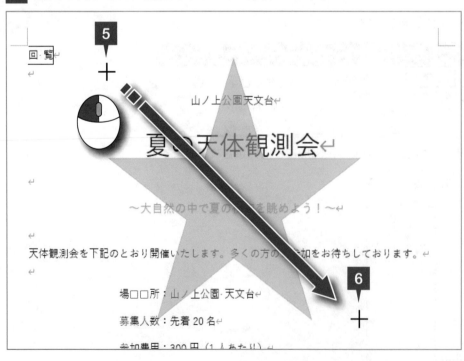

ドラッグ中（描画中）は図形が半透明で表示されます。

→ 星の図形を描画できました（サイズは下図と異なっていてもかまいません）。

描画直後の図形の周り
には、ハンドルと呼ば
れる小さな白い○が 8
つ表示されます。

描画直後の図形は青色
ですが、後で変更でき
ます。

One Point　図形のレイアウトオプション

描画した図形の近くに ⬚ ［レイアウトオプション］が表示されます。
ここでは利用しませんが、図形の配置（レイアウト）に関する各種設定が行えます。

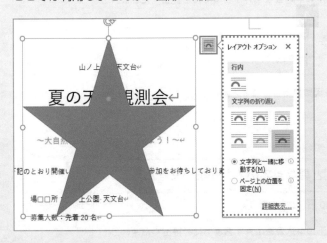

One Point　図形の重なり順

図形と図形が重なったときは、描画順で前後が決まります。先に描画した図形が背面に、後から描画し
た図形が前面に配置されます。
また、文字列と図形が重なったときは、図形が前面に配置されます。

STEP 水平の直線を描画する

1 ［挿入］タブの［図形］ボタンをクリックします。

→ 図形の一覧が表示されます。

2 一覧から［線］の［直線］をクリックします。

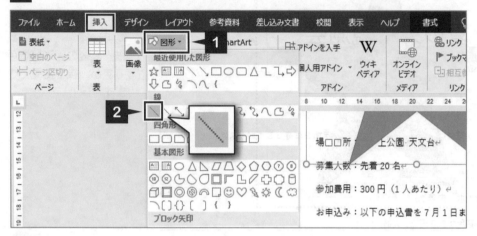

3 描画を開始したい位置で Shift キーを押しながらドラッグを始めます。

4 描画を終了したい位置でドラッグを終わります。

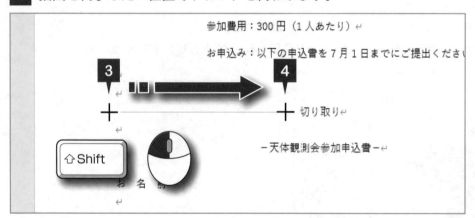

→ 水平の直線を描画できました（長さは下図と異なっていてもかまいません）。

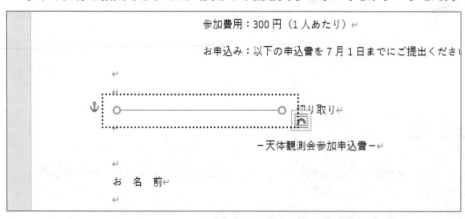

直線のハンドルは、両端に 2 つだけ表示されます。

OnePoint　図形の描画時に役立つキー操作

Shift キーを押しながら描画した場合（標準の縦横比で描画）

長方形や楕円を描画する際に Shift キーを押しながらドラッグすると、高さと幅が同じ正方形や正円を描くことができます。

また直線を描画する際に Shift キーを押しながらドラッグすると、方向が水平、垂直、斜め 45 度のいずれかに制限されるため、簡単に水平線や垂直線を描くことができます。

Ctrl キーを押しながら描画した場合（描画始点を中心に描画）

Ctrl キーを押しながら描画すると、描画の開始位置を中心として図形を描画できます。

どちらの操作も描画中はキーを押し続け、ドラッグが終わってから指をキーから離すようにします。

OnePoint　図形を削除するには

図形を削除したいときは、対象の図形を選択し（周囲にハンドルが表示された状態）、Delete キーまたは Backspace キーを押します。

図形を選択します。

または

LESSON 2 | 図形のサイズを変更して移動する

図形のサイズを変更するには、対象の図形を**選択**して、周囲に表示される**サイズ変更ハンドル**をドラッグします。

8つのサイズ変更ハンドルのうち、**四隅のハンドル**のいずれかをドラッグすると縦と横のサイズを同時に変更できます。このときに Shift キーを押しながらドラッグすると、元の縦横比を維持したままサイズを変更できます。

辺上にあるハンドルをドラッグすると縦または横のみのサイズを変更できます。

四隅のハンドルの操作例

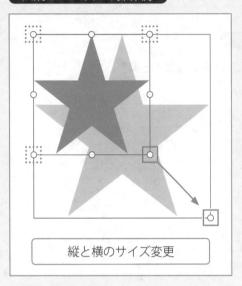

縦と横のサイズ変更

辺上のハンドルの操作例

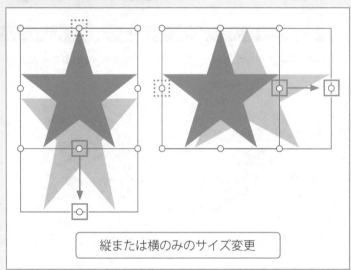

縦または横のみのサイズ変更

また、図形はドラッグすることで文書内の任意の位置に移動できます。

移動前

移動後

図形の移動時に**配置ガイド**という緑色の線が表示されることがあります。これは周りの図形と位置を揃えたり、余白へはみ出さないようにしたり、配置する際の目安になるものです。

STEP ▶ **星の図形を縮小する**

1 星の図形をクリックします。

→ 星の図形が選択され、周りにハンドルが表示されます。

2 図形の右下のサイズ変更ハンドルにマウスポインターを合わせます。

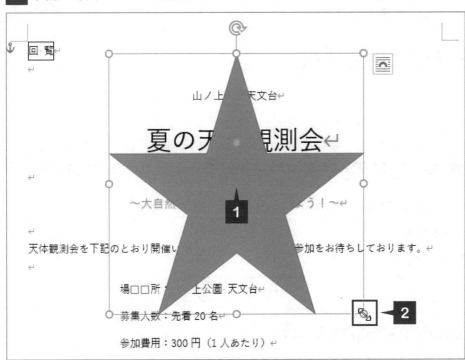

💬 ここでは右下のハンドルを使用しますが、四隅のどのハンドルに合わせてもサイズを変更できます。

→ マウスポインターの形が ⤢ に変わります。

3 下図のようにドラッグします。

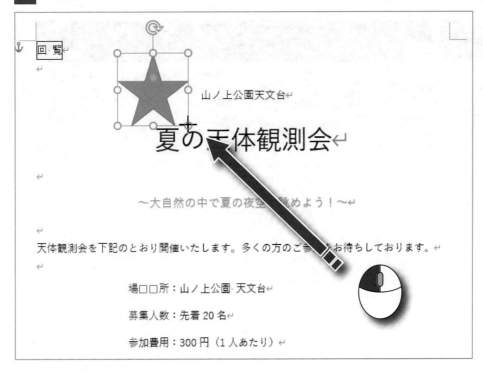

💬 左図のサイズとまったく同じでなくてもかまいません。

💬 元の縦横比を維持したまま拡大 / 縮小したい場合は、Shift キーを押しながらドラッグします。

1-1 図形描画の基本を身に付ける

→ 星の図形を縮小できました。

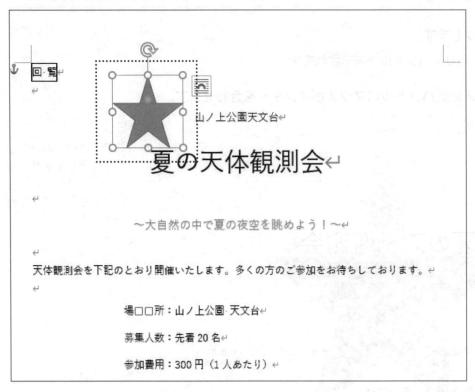

OnePoint　数値で図形のサイズを指定するには

描画する図形のサイズが決まっている場合などは数値で指定してサイズを変更します。

数値でサイズを指定するには、対象の図形を選択して、[描画ツール]の[書式]タブの[図形の幅]ボックスと[図形の高さ]ボックスに数値を入力します。

STEP ▶ **星の図形を表題の左側に移動する**

1 星の図形にマウスポインターを合わせます。

対象の図形は選択していても、していなくても、どちらでも問題ありません。

→ マウスポインターの形が ✥ に変わります。

2 下図のように移動したい位置までドラッグします。

このとき配置ガイド（緑色の線）が表示されることがあります。

→ 星の図形を移動できました。

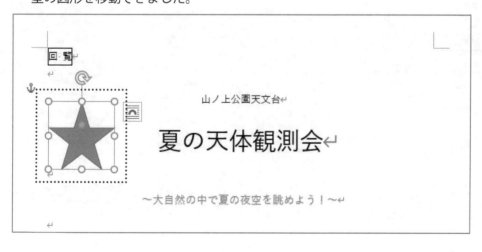

⊙ One Point　より細かい距離を移動するには

ドラッグ操作よりも詳細に移動したいときは、対象の図形を選択し、方向キー（←↑↓→）を押します。

⊙ One Point　配置ガイドのオン／オフ（表示／非表示）を切り替えるには

配置ガイドの表示をオンにしておくと、周囲の図形と位置を揃えるのに便利です。その一方で、配置ガイドに沿って図形が移動するため、自由な位置に移動しづらいと感じることもあります。このような場合は、配置ガイドをオフにしておくこともできます。

配置ガイドをオフにするには、文書内の任意の図形を選択して、［書式］タブの［配置］ボタンをクリックし、一覧から［配置ガイドの使用］のチェックをオフにします。

LESSON 3 ｜ 図形を複製する

同じ図形を何個も描画したいときは、1つずつ描画するよりも複製（コピー）の機能を利用するほうが効率的です。図形を複製するにはさまざまな方法がありますが、ここでは **Ctrl** キーを押しながらドラッグする方法を使用します。また、Shift キーも組み合わせることで、水平方向や垂直方向へまっすぐ複製する方法も学習します。

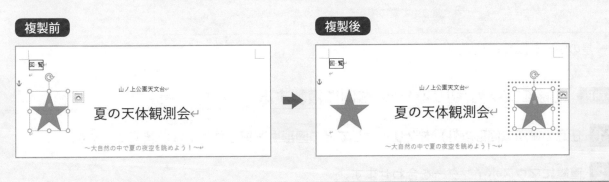

STEP 星の図形を表題の右側に複製する

1 任意の箇所（図形以外）をクリックしてどの図形も選択されていない状態にします。

2 星の図形にマウスポインターを合わせます。

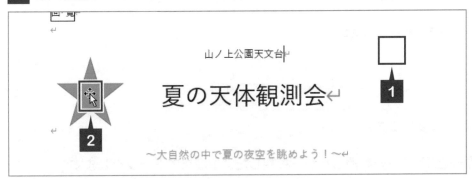

必要のない図形を選択していると、その図形も含めて複製してしまうので、ミスを起こしやすくなります。

→ マウスポインターの形が に変わります。

3 下図のように **Ctrl** キーを押しながら複製したい位置までドラッグします。

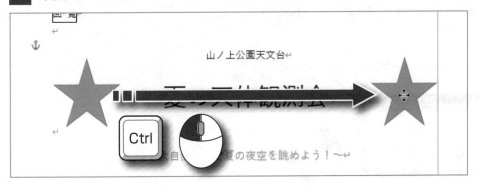

図形を利用した文書を作成する

4 ドラッグ終了後、Ctrl キーを離します。

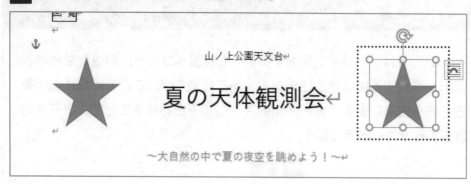

→ 星の図形を複製できました。

STEP 直線を文字列"切り取り"の右側に複製する

1 任意の箇所（図形以外）をクリックしてどの図形も選択されていない状態にします。

2 直線にマウスポインターを合わせます。

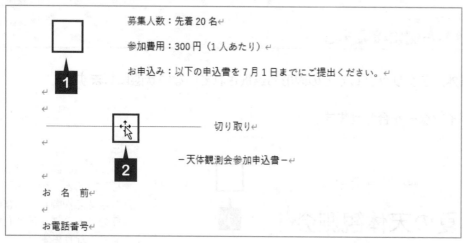

→ マウスポインターの形が ✥ に変わります。

3 下図のように Ctrl キーと Shift キーを押しながら複製したい位置までドラッグします。

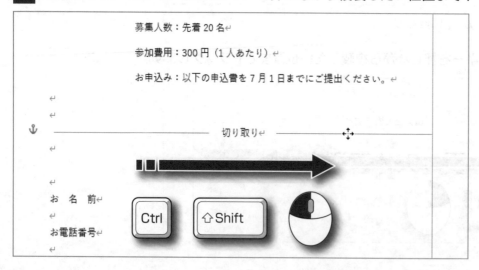

Ctrl キーに加えて、Shift キーも押すことで水平方向に（または垂直方向に）複製できます。

4　ドラッグ終了後、**Ctrl** キーと **Shift** キーを離します。

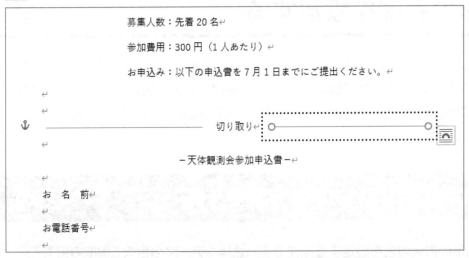

次の操作の前に、任意の箇所（図形以外）をクリックして図形の選択を解除しておきましょう。

→　直線を文字列 " 切り取り " の右側に複製することができました。

One Point　**その他の方法で図形を複製するには**

図形の複製は、その他にも以下の方法で行うことができます。

ショートカットキーの利用

対象の図形を選択した状態で、Ctrl + D キーを押します。選択した図形の近くに同じ図形が複製されるので、その後、目的の位置までドラッグなどで移動します。
同じページ内に複製する場合など、近くの場所に複製するときに便利です。

クリップボードの利用

対象の図形を選択した状態で、[ホーム] タブの 📋 [コピー] ボタンをクリックします（クリップボードに図形が一時保管されます）。次に複製先にカーソルを移動し、[ホーム] タブの 📋 [貼り付け] ボタンをクリックします。カーソルの近くに図形が貼り付けられるので、目的の位置までドラッグなどで移動します。別のページに複製する場合など、離れた場所に複製するときに便利です。

1-2 図形の書式を設定する

文字列が書式設定によって色やデザインを変更できるように、図形も書式設定によって色や枠線の形状を変更できます。図形の主な書式設定は［描画ツール］の［書式］タブで操作します。さまざまな種類の書式が用意されていますが、ここでは基本として身に付けておきたい、塗りつぶしの色と枠線を設定する方法を学習します。

LESSON 1 │ 図形の塗りつぶしの色を変更する

図形の塗りつぶしは図形の内側の色を設定する操作です。色は "テーマの色"、"標準の色"、"塗りつぶしの色（その他の色）" から選ぶことができます。また、"塗りつぶしなし（透明）" にすることもできます。

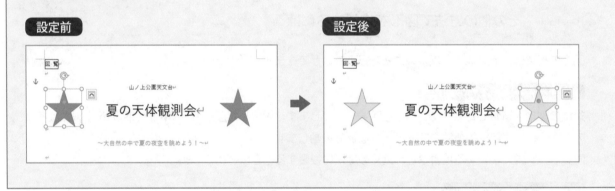

STEP ▶ 星の図形の塗りつぶしの色を変更する

1 左側の星の図形を選択します。

2 ［描画ツール］の［書式］タブの［図形の塗りつぶし］ボタンをクリックします。

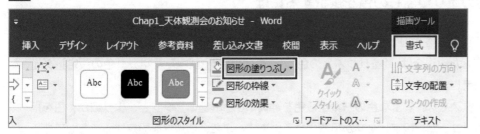

→ 色の一覧が表示されます。

3 一覧から［標準の色］の［黄］をクリックします。

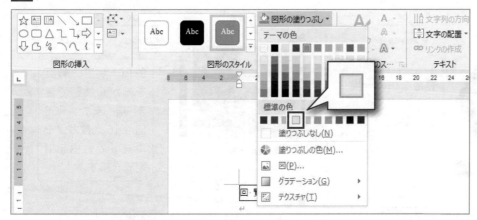

図形の塗りつぶしを透明にしたい場合は、色の一覧の下にある［塗りつぶしなし］を指定します。

→ 星の図形の塗りつぶしの色を変更できました。

4 同様の方法で、下図のように右側にある星の図形の塗りつぶしの色を変更します。

直前に指定した色と同じ色で塗りつぶす場合は、［図形の塗りつぶし］ボタンのアイコン部分をクリックします。

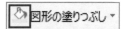

◉OnePoint　その他の塗りつぶしの色を選択するには

．．

［図形の塗りつぶし］ボタンをクリックすると、"テーマの色"と"標準の色"の一覧が表示されますが、
それ以外の色を指定したい場合は、［塗りつぶしの色］（その他の色）をクリックし、［色の設定］ダイ
アログボックスを利用します。

このダイアログボックスでは、豊富な色の一覧から色を選択できる［標準］タブと、より細かく色を指
定することができる［ユーザー設定］タブが用意されています。また、透過性を設定することもできる
ため、半透明の塗りつぶしの色なども設定が可能です。

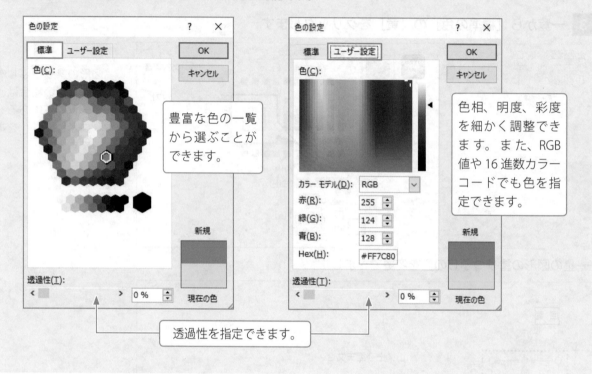

◉OnePoint　複数の図形を選択するには

．．

図形を選択すると、その前に選択していた図形の選択は解除されます。複数の図形を選択するには、
Shift キーを押しながら 2 つ目以降の図形をクリックします。

LESSON **2** 図形の枠線を変更する

図形の枠線の色も変更することができます。こちらも、"テーマの色"、"標準の色"、"その他の枠線の色（その他の色）"から選ぶことができます。また、枠線なしを指定することもできます。

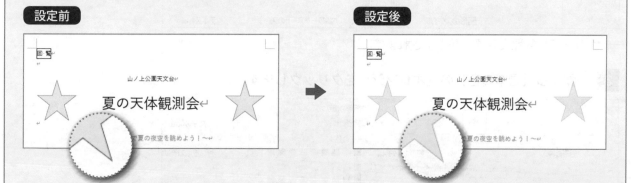

枠線の種類や太さも変更することができます。枠線の種類には、実線や点線など数種類が用意されています。枠線の太さは pt（ポイント）という単位で指定します。なお、ここでは 2 つの直線を選択して同時に設定を行います。

STEP 星の図形の枠線の色を変更する

1 左側の星の図形を選択します。

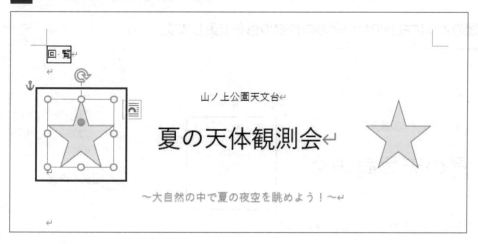

2 ［描画ツール］の［書式］タブの［図形の枠線］ボタンをクリックします。

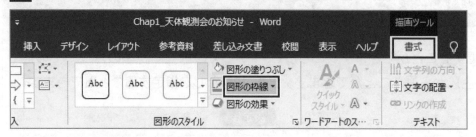

→ 色の一覧や各種設定項目が表示されます。

3 一覧から［標準の色］の［オレンジ］をクリックします。

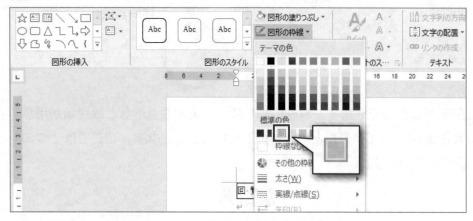

→ 星の図形の枠線の色を"オレンジ"に変更できました。

初期設定の状態の枠線
は細いため、変化が分
かりにくいかもしれま
せん。
必要に応じて画面の表
示倍率を変更してくだ
さい。

4 同様の方法で、下図のように右側の星の図形の枠線の色を変更します。

直前に指定した線の色
と同じ色を利用する場
合は、［図形の枠線］
ボタンのアイコン部分
をクリックします。

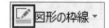

STEP 直線を色と太さを変更した破線に変更する

1 直線を選択します。

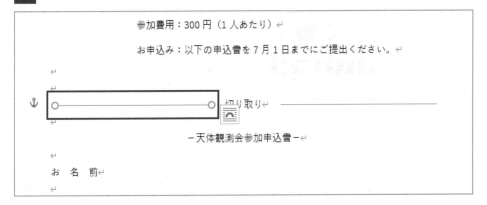

2 Shift キーを押しながらもう 1 本の直線をクリックします。

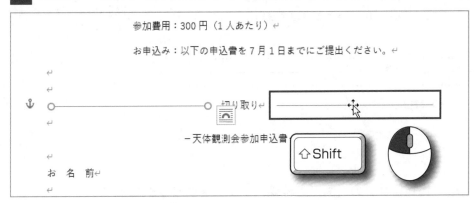

Shift キーを押しながらクリックすることで複数の図形を選択できます。

→ 2 つの直線を選択した状態になります。

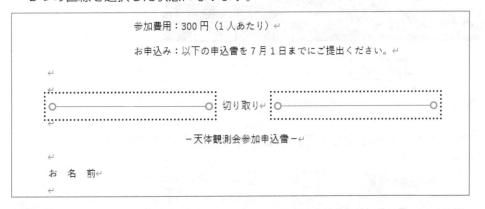

3 ［描画ツール］の［書式］タブの［図形の枠線］ボタンをクリックします。

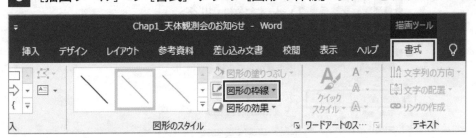

→ 色の一覧や各種設定項目が表示されます。

4 一覧から［テーマの色］の［黒、テキスト 1］をクリックします。

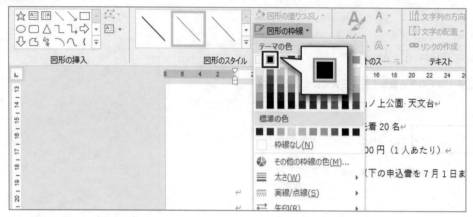

→ 選択した 2 つの直線の色を " 黒、テキスト 1" に変更できました。

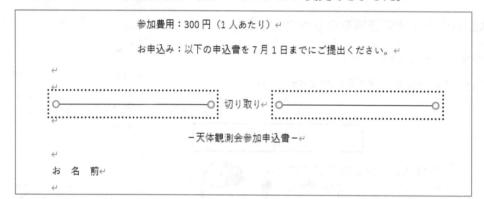

選択は解除せず、操作
を進めます。

5 再度、［描画ツール］の［書式］タブの［図形の枠線］ボタンをクリックします。

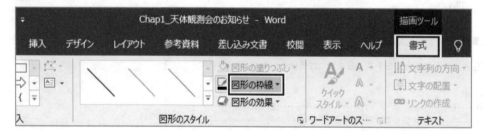

6 一覧の［太さ］にマウスポインターを合わせて、［1pt］をクリックします。

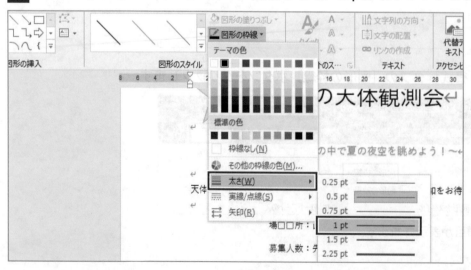

→ 選択した 2 つの直線の線の太さを "1pt" に変更できました。

参加費用：300 円（1 人あたり）↵

お申込み：以下の申込書を 7 月 1 日までにご提出ください。↵

↵

○━━━━━━━━━━━━○ 切り取り↵ ○━━━━━━━━━━━━○

－天体観測会参加申込書－↵

↵

お　名　前↵

↵

💬 画面上では、線の太さの変化が分かりにくいかもしれません。
必要に応じて画面の表示倍率を変更してください。

7 再度、[描画ツール] の [書式] タブの [図形の枠線] ボタンをクリックします。

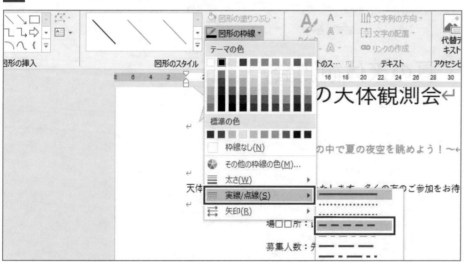

8 一覧の [実線 / 点線] にマウスポインターを合わせて、[破線] をクリックします。

→ 直線を "破線" に変更できました。

参加費用：300 円（1 人あたり）↵

お申込み：以下の申込書を 7 月 1 日までにご提出ください。↵

↵

- - - - - - - - - - - - - - 切り取り↵ - - - - - - - - - - - - - -

－天体観測会参加申込書－↵

↵

お　名　前↵

↵

💬 左図は図形の選択を解除した状態です。

OnePoint　図形に設定した書式をその他の図形にコピーして貼り付けるには

ある図形の書式をその他の図形にも設定したい場合、書式をコピーして貼り付けることができます。
書式のコピー／貼り付けは、コピー元となる図形を選択し、[ホーム]タブの　[書式のコピー／貼り付け]
ボタンをクリックします。マウスポインターの形が　に変わったら、コピー先となる図形をクリック
して書式を貼り付けます。

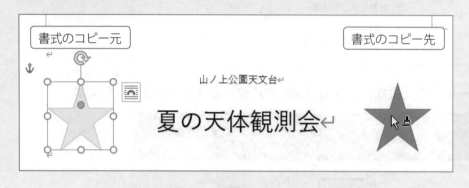

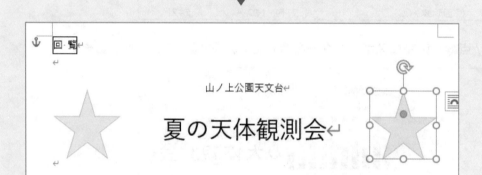

LESSON **3** │ 図形の形状を変更する

図形の種類によっては、選択したときに黄色のハンドルが表示されるものがあります。これは**調整ハンドル**と呼ばれ、図形の形状を変更することができます。

調整ハンドル

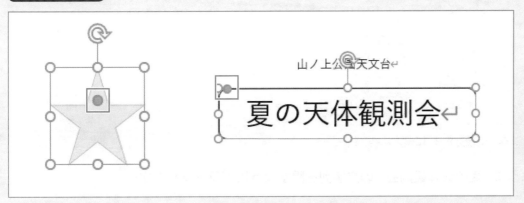

形状がどのように変化するかは図形ごとにあらかじめ決められており、その変化の度合いを調整ハンドルで設定します。

星の図形の形状を変化させた例

ここでは、角丸四角形を例として、その角の丸さを調整することで図形の形状の変更方法を学習します。

変更前　　　　　　　　　　　　　　　　**変更後**

STEP 角丸四角形を描画して塗りつぶしの色、枠線、形状（角の丸さ）を変更する

1 ［挿入］タブの［図形］ボタンをクリックして、一覧から［四角形］の角丸四角形（四角形：角を丸くする）をクリックします。

図形の名前は異なる場合があります。

→ マウスポインターの形が **+** に変わります。

2 下図のように "夏の天体観測会" の文字列を隠すようにドラッグします。

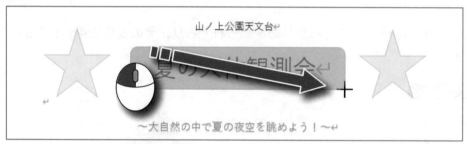

→ 描画した角丸四角形が文字列 "夏の天体観測会" に重なり、文字列が見えなくなります。

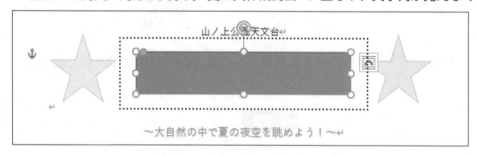

このように、図形は文字列の上に重なって描画されます。

3 ［描画ツール］の［書式］タブの［図形の塗りつぶし］ボタンをクリックし、一覧から［塗りつぶしなし］をクリックします。

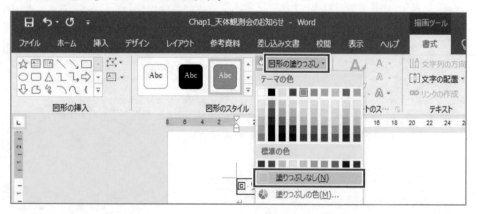

"塗りつぶしなし" は図形の塗りつぶしの色が透明になる設定です。

→ 角丸四角形の塗りつぶしの色が透明になります。

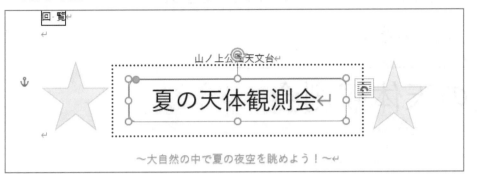

1

図
形
を
利
用
し
た
文
書
を
作
成
す
る

"塗りつぶしなし"に
したことで、隠れてい
た文字が見えるように
なります。

4 ［描画ツール］の［書式］タブの［図形の枠線］ボタンをクリックし、一覧から［標準の色］の
［濃い青］をクリックします。

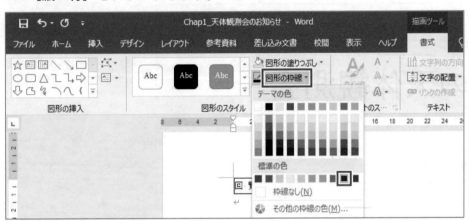

→ 角丸四角形の枠線の色が"濃い青"になります。

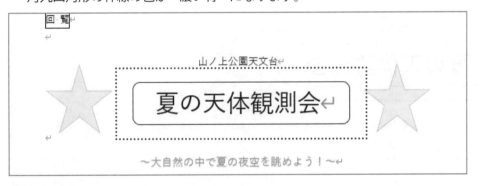

5 描画した角丸四角形を選択します。

この時点では角の丸み
は小さいですが、形状
を変更する操作を行っ
て大きくします。

6 角丸四角形上に表示された調整ハンドルにマウスポインターを合わせます。

→ マウスポインターの形が ▷ に変わります。

7 下図のように角の丸みが変化する位置まで右方向にドラッグします。

→ 角丸四角形の形状を変更できました。

LESSON **4** ｜ 図形を回転する

図形は、回転させて角度を変えることができます。

図形の回転は、図形の上部に表示される回転ハンドルにマウスポインターを合わせてドラッグすることで行えます。

回転ハンドルは図形のまわりを回すようなイメージでドラッグします。その際、円を描くようにではなく、直線的にドラッグするだけでも回転させることができます。

回転ハンドル　回転時のドラッグ操作のイメージ

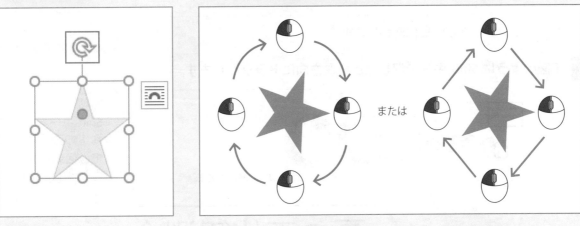

または

回転前

回転後

STEP 星の図形を回転する

1 左側にある星の図形を選択します。

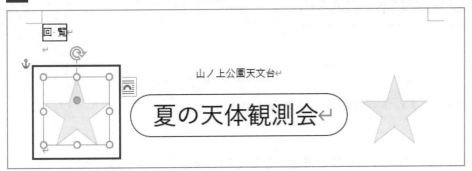

→ 回転ハンドルが表示されます。

2 回転ハンドルにマウスポインターを合わせます。

→ マウスポインターの形が 🔄 に変わります。

3 下図のように Shift キーを押しながら左方向にドラッグします。

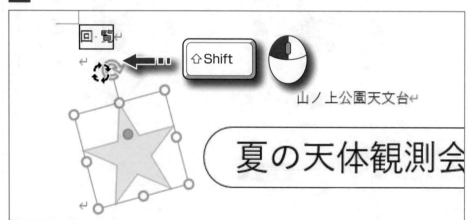

Shift キーを押しながらドラッグすることで、回転の角度を 15 度ずつに制限できます。

→ 星の図形を回転できました。

4 同様の方法で、右側にある星の図形も回転します。

Shift キーを押しながら右方向にドラッグして回転させます。

5 文書「Chap1_ 天体観測会のお知らせ」を上書き保存して閉じます。

One Point その他の方法で図形を回転するには

図形の回転は、［描画ツール］の［書式］タブの ［オブジェクトの回転］ボタンでも行えます。
右または左へ 90 度回転したり、図形を上下や左右に反転したりできる機能が用意されています。

1-3 図形や画像の配置を調整する

ここでは図形の重なり順の調整や図形同士の整列、複数の図形をひとまとめにして扱うグループ化の機能を学習します。これらの機能は写真やイラストなどの画像も同じように扱うことができます。

LESSON 1 │ 図形の重なり順を調整する

図形は後から描いたものが上に重なる仕様になっています。これらを任意の重なり順に調整するには**前面へ移動、背面へ移動**の操作を行います。

移動前	円の図形を前面へ移動	円の図形を背面へ移動

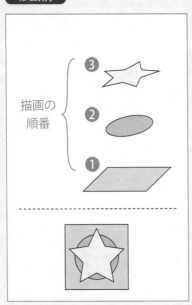 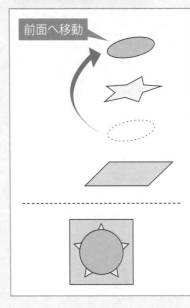 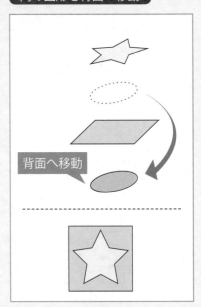

前面へ移動、背面へ移動は重なり順が1つの図形と入れ替わるだけですが、**最前面へ移動、最背面へ移動**は、一番上、一番下に移動します。3つ以上の図形が重なっている場合、1つずつ移動するより簡単に操作できます。

背面へ移動で調整した場合	最背面へ移動で調整した場合

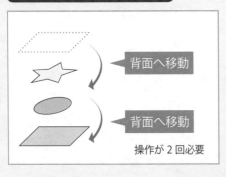 

STEP 地図内の川を表す四角形を最背面へ移動する

1 実習用データの文書「Chap1_ 児童センター駐車場のご案内」を開きます。

スクール応用 _Word 2019 ▶ CHAPTER1 ▶ 「Chap1_ 児童センター駐車場のご案内」

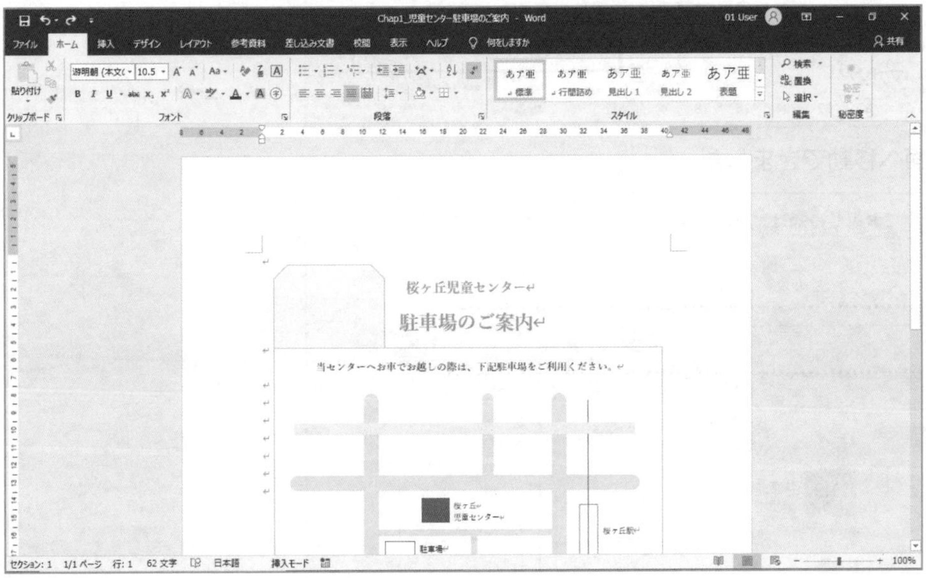

実習用データはインターネットからダウンロードできます。詳細は本書のP. (4) に記載されています。

2 川を表す水色の四角形を選択します。

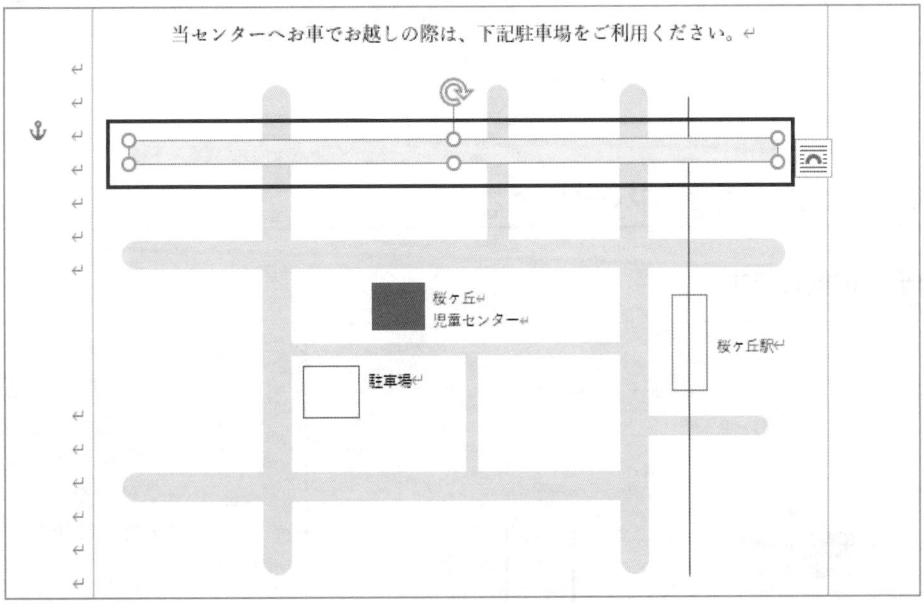

この時点では、水色の四角形はその他の図形よりも前面に配置されています。

3 ［描画ツール］の［書式］タブの［背面へ移動］ボタンの▼をクリックします。

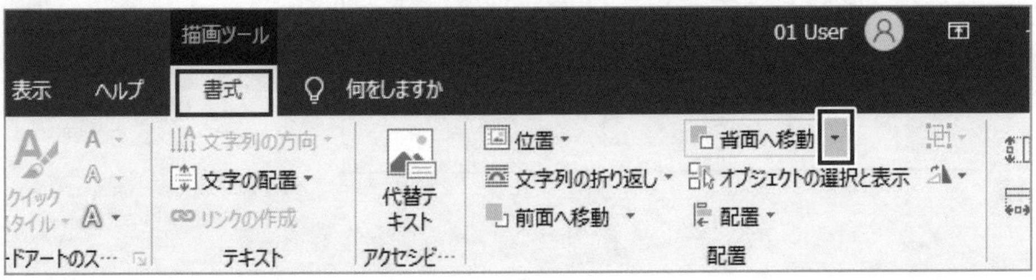

→ 図形の重なり順を調整する機能の一覧が表示されます。

4 一覧から［最背面へ移動］をクリックします。

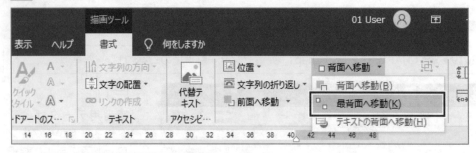

→ 川を表す四角形を最背面へ移動できました。

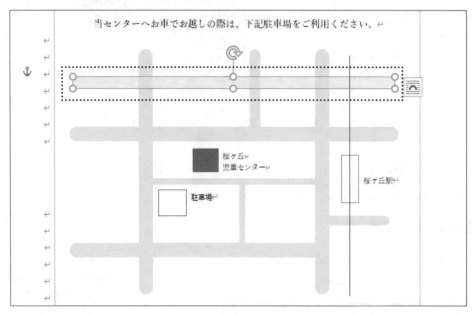

STEP 地図内の駅を表す四角形を最前面へ移動する

1 駅を表す白色の四角形を選択します。

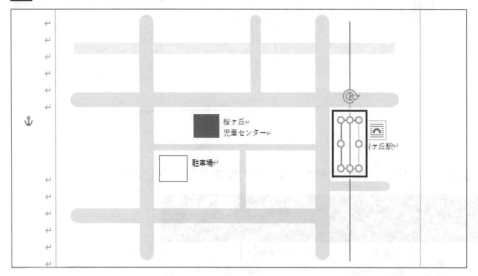

直線の図形の背面に配置されているので、選択するときに、直線の図形をクリックしないように気を付けます。

2 ［描画ツール］の［書式］タブの［前面へ移動］ボタンの▼をクリックします。

→ 図形の重なり順を調整する機能の一覧が表示されます。

3 一覧から［最前面へ移動］をクリックします。

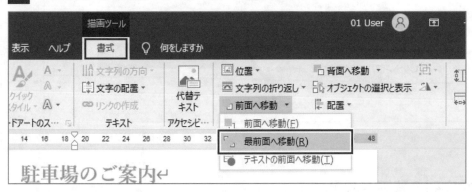

→ 駅を表す四角形を最前面へ移動できました。

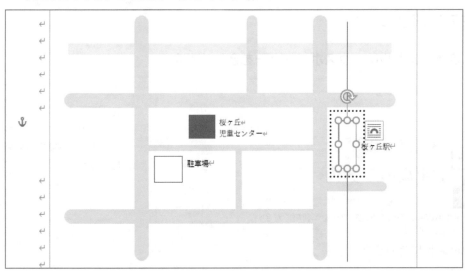

LESSON 2 | 図形と文字列の重なり順を調整する

前面へ移動、背面へ移動の機能で図形や画像の重なり順を変更できますが、図形と文字列（テキスト）との重なり順を変更することはできません。図形と文字列の重なり順を調整するには、テキストの前面へ移動、テキストの背面へ移動の機能を使います。

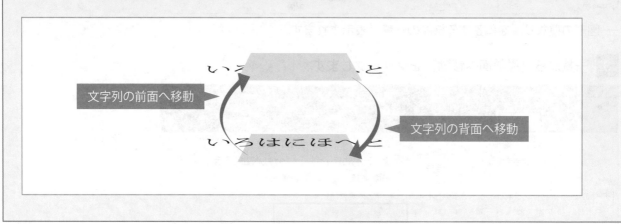

STEP▷ 角切四角形を文字列の背面へ移動する

1 表題の左側の角切四角形を選択します。

2 右辺の中央のサイズ変更ハンドルにマウスポインターを合わせます。

左図で示した位置のサイズ変更ハンドルを利用すれば、図形の横幅だけを変更できます。

→ マウスポインターの形が ⟺ になります。

3 下図のように右方向にドラッグして角切四角形の横幅を文字列の右端まで広げます。

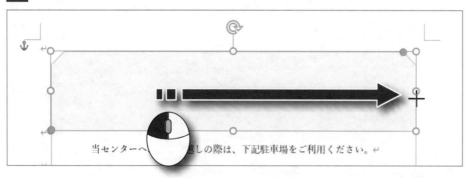

→ 角切四角形のサイズを変更すると文字列が隠れて見えなくなります。

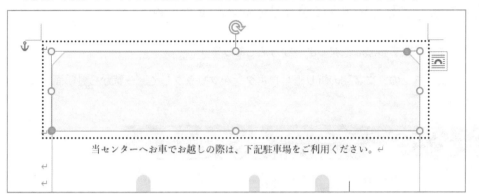

この後で、文字列が見えるように図形を文字列の背面に移動する操作を行います。

4 ［描画ツール］の［書式］タブの［背面へ移動］ボタンの▼をクリックします。

→ 図形の重なり順を調整する機能の一覧が表示されます。

5 一覧から［テキストの背面へ移動］をクリックします。

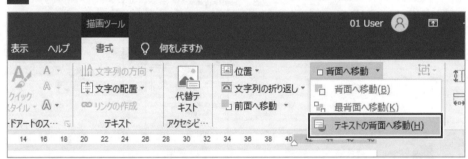

→ 角切四角形を文字列の背面へ移動し、文字列を表示できました。

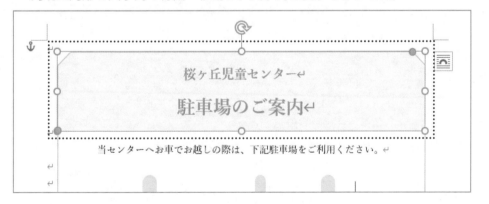

← OnePoint　その他の方法で図形と文字列の重なり順を変更するには

図形を文字列の前面や背面に配置するには、次のような方法もあります。

● ［描画ツール］の ［書式］タブの ［文字列の折り返し］ボタンをクリックして、一覧から ［前面］または ［背面］に設定します。

● 図形を選択した際に表示される ［レイアウトオプション］をクリックして、［前面］または ［背面］に設定します。

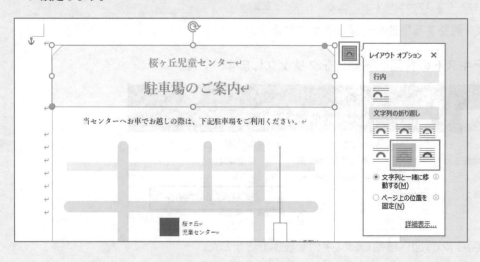

🔘 OnePoint　文字列の背面に配置した図形を選択するには

文字列の背面に配置した図形を選択しようとクリックしても、文字列のカーソルが移動するだけで図形が選択できないことがあります。

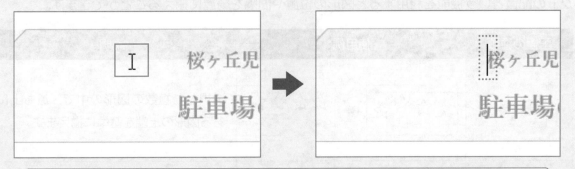

> 文字列の背面にある図形をクリックすると、カーソルが移動するだけで図形が選択できません。

このような場合は、[ホーム] タブの [選択] ボタンをクリックして、一覧から [オブジェクトの選択]をクリックします。

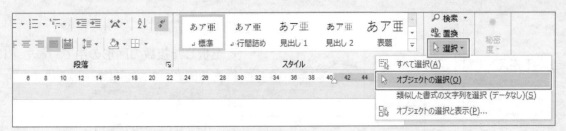

マウスポインターの形が ⛆ に変わり、図形や画像（オブジェクト）だけが選択できる "オブジェクトの選択ツール" になります。

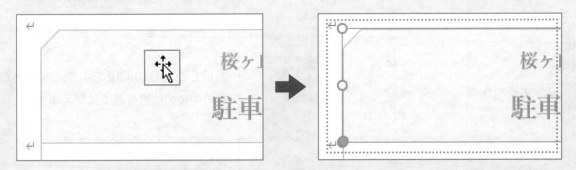

> オブジェクトの選択ツールで図形をクリックすると、文字列の背面に配置された図形を選択できます。

必要な操作が終わったら、Esc キーを押してオブジェクトの選択ツールを解除します。そのままの状態では文字列を選択することができなくなるからです。

LESSON 3 │ 図形を整列する

ドラッグ操作だけで複数の図形の位置や間隔を揃えるのは難しい作業です。そこで、オブジェクトの配置という機能を利用すると図形の位置や間隔を綺麗に揃えることができます。

配置の種類	使用例	説明
上揃え		選択した複数の図形の中で、最も上にある図形の上端を基準に揃えます。
上下中央揃え		選択した複数の図形の中で、上端と下端の中央の位置を基準に揃えます。
下揃え		選択した複数の図形の中で、最も下にある図形の下端を基準に揃えます。
左揃え		選択した複数の図形の中で、最も左にある図形の左端を基準に揃えます。
左右中央揃え		選択した複数の図形の中で、左端と右端の中央の位置を基準に揃えます。
右揃え		選択した複数の図形の中で、最も右にある図形の右端を基準に揃えます。

図形を等間隔に配置するには、**左右に整列**または**上下に整列**の機能を使用します。

左右に整列は横方向、上下に整列は縦方向に図形を並べます。選択した複数の図形のうち、両端の図形を基準として、その間にある図形が等間隔に配置されます。

STEP　複数の図形を選択して上下中央揃えにする

1　［ホーム］タブの［選択］ボタンをクリックします。

2　一覧から［オブジェクトの選択］をクリックします。

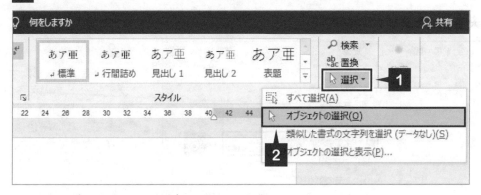

→ マウスポインターの形が ⇩ に変わります。

3 下図のように信号機の図形を囲むようにドラッグします。

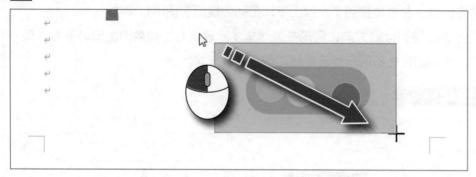

→ ドラッグで囲んだ範囲内の図形（角丸四角形と3つの正円）がすべて選択されます。

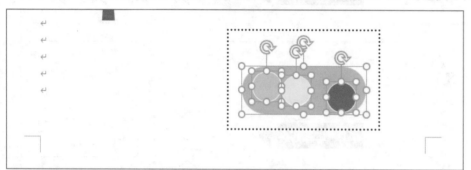

このように"オブジェクトの選択"機能は、複雑に重なった図形を選択する際に便利です。

4 ［描画ツール］の［書式］タブの［配置］ボタンをクリックします。

5 一覧の［選択したオブジェクトを揃える］のチェックがオンになっていることを確認します。

6 一覧から［上下中央揃え］をクリックします。

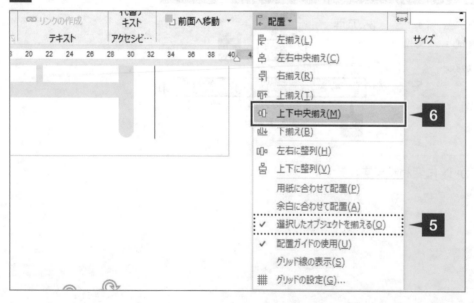

このとき［選択したオブジェクトを揃える］のチェックがオンになっていない場合は、クリックしてオンにしてください。

→ 選択した図形の位置を上下中央揃えにできました。

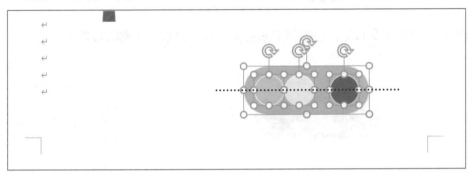

7 Esc キーを押して、オブジェクトの選択ツールをオフにします。

 One Point　**単体の図形にオブジェクトの配置の機能を使った場合**

ここでは複数の図形を選択してオブジェクトの配置の機能を使用しましたが、図形を 1 つだけ選択した状態でこの機能を使用すると、" 用紙 " または " 余白 " を基準として整列させることができます。

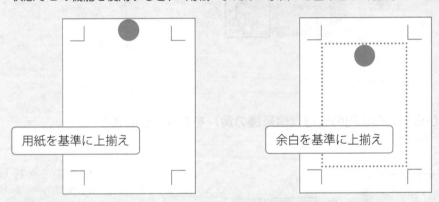

用紙を基準に上揃え　　　　　　　余白を基準に上揃え

基準を " 用紙 " にするか " 余白 " にするかを切り替えるときは、[書式]タブの [配置] ボタンをクリックして該当する設定のチェックをオンにします。

なお、複数の図形同士を整列させる設定に戻したい場合は、[選択したオブジェクトを揃える] のチェックをオンにします。

STEP 横に並ぶ複数の図形を等間隔に配置する

1 任意の箇所（図形以外）をクリックして、どの図形も選択されていない状態にします。

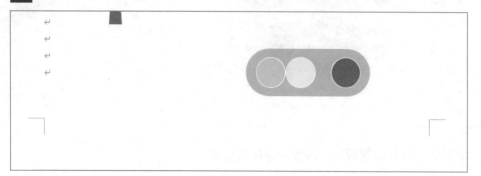

図形の選択が解除できない場合は、Esc キーを押してオブジェクトの選択ツールをオフにしてください。

2 右端の正円（信号機の赤）の図形を選択します。

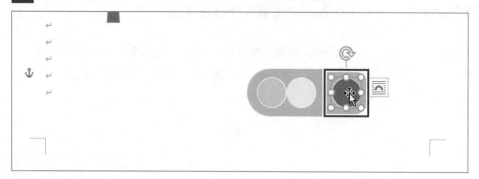

3 Shift キーを押しながら中央の正円の図形（信号機の黄）をクリックします。

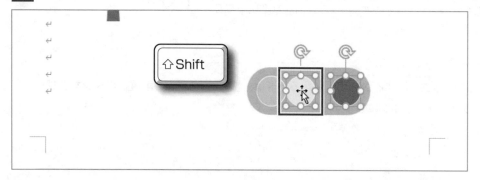

Shift キーを押しながらクリックすることで、複数の図形が選択できます。

4 さらに Shift キーを押しながら左端の正円の図形（信号機の青）をクリックします。

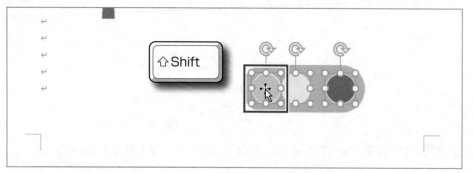

違う画像を選択してしまった場合は、Shift キーを押しながら再度その画像をクリックすることで選択を解除できます。

→ 信号機のランプを表している 3 つの正円が選択されます。

5 ［描画ツール］の［書式］タブの［配置］ボタンをクリックします。

6 一覧の［選択したオブジェクトを揃える］のチェックがオンになっていることを確認します。

7 一覧から［左右に整列］をクリックします。

このとき［選択したオブジェクトを揃える］のチェックがオンになっていない場合は、クリックしてオンにしてください。

→ 選択した正円（信号機の青黄赤）の左右を等間隔に配置できました。

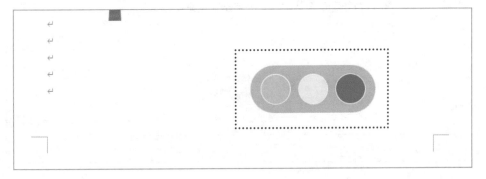

LESSON 4 | 図形をグループ化する

複数の図形をグループ化すると、ひとまとめにして扱えるようになり、移動したり複製したりするときに、1つずつ図形を選択する手間が省けます。また、まとめて拡大や縮小ができるようになります。

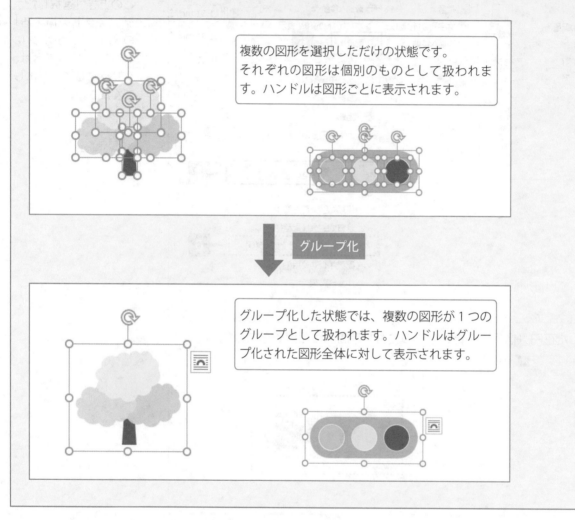

複数の図形を選択しただけの状態です。
それぞれの図形は個別のものとして扱われます。ハンドルは図形ごとに表示されます。

グループ化

グループ化した状態では、複数の図形が1つのグループとして扱われます。ハンドルはグループ化された図形全体に対して表示されます。

STEP 複数の図形をグループ化する

1 信号機を表している4つの図形をすべて選択します。

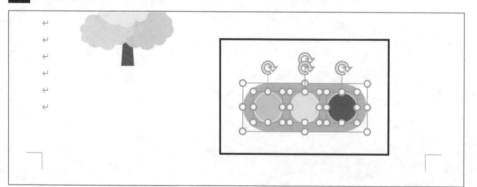

オブジェクトの選択ツールを使うと簡単に選択できます。

2 ［描画ツール］の［書式］タブの［オブジェクトのグループ化］ボタンをクリックします。

3 一覧から［グループ化］をクリックします。

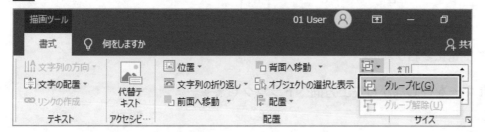

→ 選択した図形をグループ化できました。

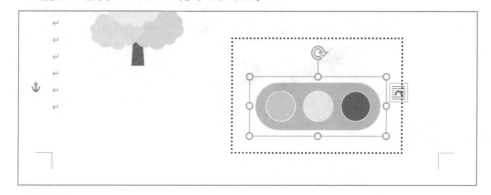

各図形に表示されていたハンドルが消え、グループ化された図形全体にハンドルが表示されます。

4 同様の方法で、桜の木を表している 4 つの図形をグループ化します。

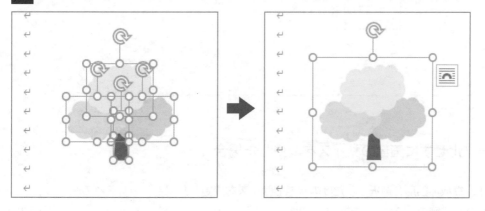

STEP グループ化した図形のサイズを変更する

1 信号機の図形を選択し、サイズ変更ハンドルにマウスポインターを合わせます。

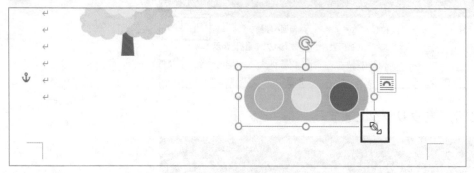

左図の例では右下のハンドルに合わせていますが、四隅のハンドルであれば、どれでもかまいません。

→ マウスポインターの形が に変わります。

2 下図のように Shift キーを押しながら左上方向へドラッグします。

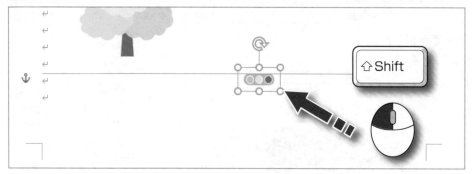

Shift キーを押すのは、画像の縦横の比率が変わらないようにするためです。

→ グループ化した図形のサイズを変更できました。

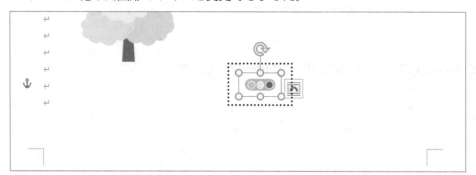

OnePoint グループ化せずに画像のサイズを変更した場合

グループ化を行わず、複数の図形を選択しただけの状態でサイズを変更した場合、それぞれの図形のサイズが個別に変更され、下図のようになってしまいます。

サイズ変更前　　　　サイズ変更後

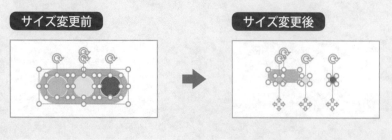

STEP グループ化した図形を移動および複製する

1 グループ化した信号機の図形をドラッグして、下図の位置に移動します。

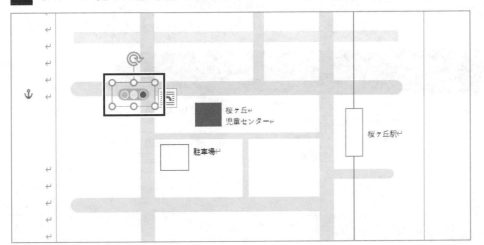

グループ化しているため、信号機の図形内なら、どこをドラッグしてもまとめて移動できます。

2 グループ化した信号機の図形を Ctrl キーを押しながらドラッグして、下図の位置に複製します。

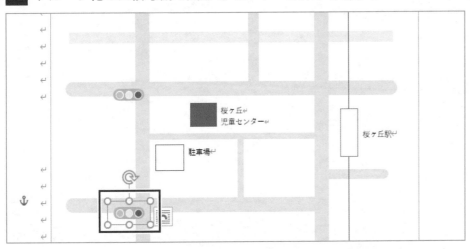

3 同様の方法で、グループ化した桜の木の図形をサイズ調整と複製をして下図のように配置します。

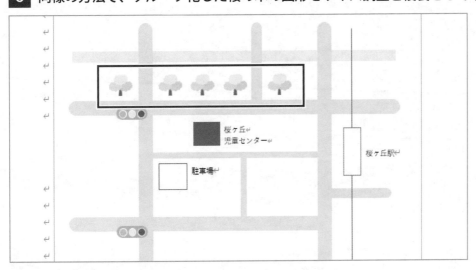

4 文書「Chap1_児童センター駐車場のご案内」を上書き保存して閉じます。

⬅ OnePoint 図形のグループ化を解除するには

グループ化を解除するには、グループ化した図形を選択し、[描画ツール] の [書式] タブの [オブジェクトのグループ化] ボタンをクリックして、一覧から [グループ解除] をクリックします。

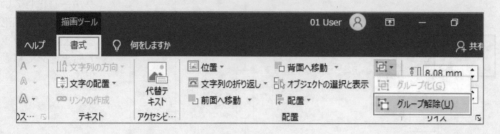

【章末練習問題 1】天体観測会のお知らせ（仕上げ）

📁 スクール応用 _Word 2019 ▶ 📁 CHAPTER1 ▶ 📁 章末練習問題 ▶ 📄「Chap1_ 天体観測会のお知らせ（仕上げ）」

1　文書「Chap1_ 天体観測会のお知らせ（仕上げ）」を開きましょう。

※ CHAPTER1 で作成した「Chap1_ 天体観測会のお知らせ」を開いてもかまいません。

2　文書下部の文字列 " お名前 " の右側に、" 四角形 " の図形を描画しましょう。

※図形は［四角形］の［正方形 / 長方形］を使って描画します。

※大きさや位置は完成例と多少異なっていてもかまいません。

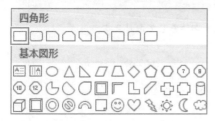 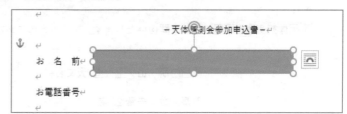

3　描画した四角形に以下のような書式を設定しましょう。

- 塗りつぶしの色：" テーマの色 " の " 白、背景 1 "
- 枠線の色：" テーマの色 " の " 黒、テキスト 1 "
- 枠線の太さ："0.5pt"

4　下図を参考に、書式を設定した四角形を文字列 " お電話番号 " の右と文字列 " 事前アンケート "
の下に複製しましょう。

－天体観測会参加申込書－

お　名　前

お電話番号

＜事前アンケート＞・開催してほしいイベント等、ご要望がございましたら自由にご記入ください。

5　下図を参考に、文字列 " 事前アンケート " の下に複製した四角形のサイズを拡大しましょう。

＜事前アンケート＞・開催してほしいイベント等、ご要望がございましたら自由にご記入ください。

6　文書を上書き保存して閉じましょう。

＜完成例＞

回覧

山ノ上公園天文台

 夏の天体観測会

～大自然の中で夏の夜空を眺めよう！～

天体観測会を下記のとおり開催いたします。多くの方のご参加をお待ちしております。

　　　　場□□所：山ノ上公園 天文台

　　　　募集人数：先着 20 名

　　　　参加費用：300 円（1 人あたり）

　　　　お申込み：以下の申込書を 7 月 1 日までにご提出ください。

- 切り取り -

－天体観測会参加申込書－

お 名 前

お電話番号

＜事前アンケート＞ 開催してほしいイベント等、ご要望がございましたら自由にご記入ください。

【章末練習問題 2】店舗移転のお知らせ（図形）

▱ スクール応用 _Word 2019 ▶ ▱ CHAPTER1 ▶ ▱ 章末練習問題 ▶ w 「Chap1_ 店舗移転のお知らせ（図形）」

1 文書「Chap1_ 店舗移転のお知らせ（図形）」を開きましょう。

2 完成例を参考に、"上リボン"の図形を描画しましょう。

※図形は［星とリボン］の［リボン：上に曲がる］を使って描画します。

※大きさや位置は完成例と多少異なっていてもかまいません。

3 描画した"上リボン"に以下のような書式を設定しましょう。

- 塗りつぶしの色："なし"
- 枠線の色："テーマの色"の"黒、テキスト 1"
- 枠線の太さ："1pt（標準）"

4 下図を参考に、文字列が中に収まるようにリボンの形状を変更しましょう。

※リボンには調整ハンドルが 2 箇所あります。それぞれ変更される形状が異なります。

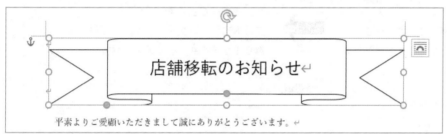

5 完成例を参考に、"右矢印"の図形を描画しましょう。

※図形は［ブロック矢印］の［矢印：右］を使って描画します。

※大きさや位置は完成例と多少異なっていてもかまいません。

6 描画した"右矢印"に以下のような書式を設定しましょう。

- 塗りつぶしの色："テーマの色"の"黒、テキスト 1"
- 枠線の色："なし"

7 完成例を参考に、文字列"＜周辺地図＞"の中の縦長の四角形と横長の四角形をそれぞれ複製して道路を完成させましょう。また、複製した四角形のうち、縦長の四角形のほうは最背面へ移動しましょう。

8 文字列"＜周辺地図＞"を囲んでいる四角形の枠線の種類を以下のように変更しましょう。

- 枠線の種類："一点鎖線"

9 文書を上書き保存して閉じましょう。

＜完成例＞

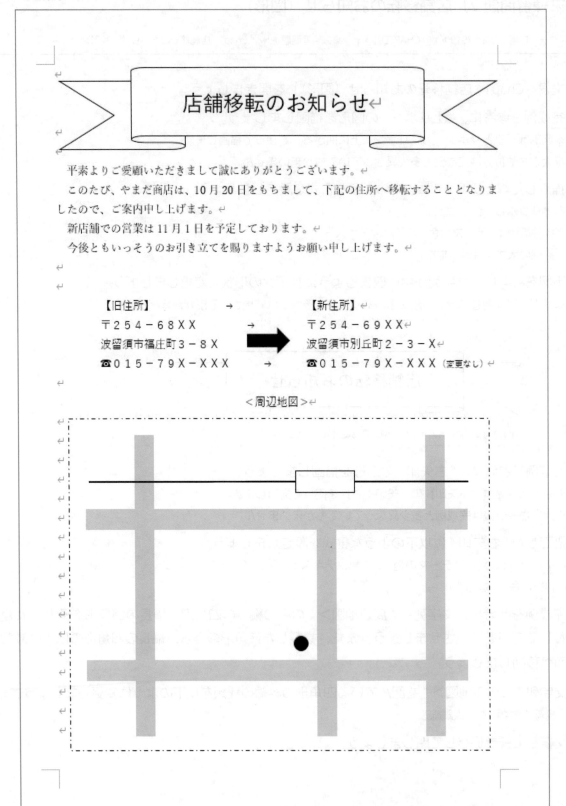

店舗移転のお知らせ↵

平素よりご愛顧いただきまして誠にありがとうございます。↵
　このたび、やまだ商店は、10月20日をもちまして、下記の住所へ移転することとなりましたので、ご案内申し上げます。↵
　新店舗での営業は11月1日を予定しております。↵
　今後ともいっそうのお引き立てを賜りますようお願い申し上げます。↵
↵
↵
【旧住所】　　　　　→　　　　【新住所】↵
〒254-68XX　　　　　　〒254-69XX↵
波留須市福庄町3-8X　　　波留須市別丘町2-3-X↵
☎015-79X-XXX　　→　☎015-79X-XXX（変更なし）↵
＜周辺地図＞↵

【章末練習問題 3】 ピアノ教室生徒募集ポスター

📁 スクール応用 _Word 2019 ▶ 📁 CHAPTER1 ▶ 📁 章末練習問題 ▶ 🅦「Chap1_ ピアノ教室生徒募集ポスター」

1️⃣ 文書「Chap1_ ピアノ教室生徒募集ポスター」を開きましょう。

2️⃣ 文書下部の赤色の四角形を文字列の背面に移動しましょう。

3️⃣ 文書上部の図形 " リボン " を、文字列 " 生徒募集中 " に重なるように移動して、文字列の背面に移動しましょう。その後、文字列 " 生徒募集中 " のフォントの色を、" テーマの色 " の " 白、背景 1" に変更しましょう。

4️⃣ 文書内の図形 " 六角形 " を、文字列 " 今なら入学金無料！" に重なるように移動して、文字列の背面に移動しましょう。

5️⃣ 下図を参考に、3 つの図形を組み合わせて描画されている図形 " 音符のイラスト " をグループ化しましょう。

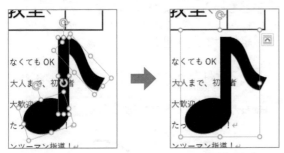

6️⃣ グループ化した図形 " 音符のイラスト " を、文書内に描画されている図形 " 正円 " に収まるサイズに縮小して重ねましょう。その際背面になるため、図形 " 音符のイラスト " を前面になるように調整しましょう。

7️⃣ 図形 " 正円 " と図形 " 音符のイラスト " を左右中央揃え、上下中央揃えにしましょう。その後グループ化しましょう。

※グループ化した図形をさらにグループ化することができます。

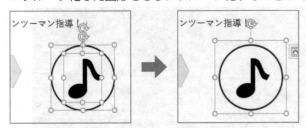

8️⃣ 完成例を参考に、グループ化した図形 " 正円 " と図形 " 音符のイラスト " を複製して表題の左側に配置しましょう。

9️⃣ 文書を上書き保存して閉じましょう。

＜完成例＞

生徒募集中↵

みんなのピアノ教室↵

楽譜が読めなくても OK！↵

子どもから大人まで、初心者

も経験者も大歓迎！↵

レッスンはたっぷり 50 分！↵

もちろんマンツーマン指導！↵

今なら入学金無料！↵

【レッスン料】↵

月謝制□10,000 円/月（50 分×月 4 回）□※教材費除く↵

【お問い合わせ】↵

みんなのピアノ教室↵

TEL□000-0XX-1234□□住所：小沼市音宮町 3-2-X↵

文字を自由に配置した文書を作成する

ここでは、文書内の自由な位置に文字列を配置できるテキストボックスの機能を学習します。

テキストボックスは図形と共通の操作が多く、図形操作の基礎を知っていればすぐに習得できます。

テキストボックスを利用することで、ポスターやチラシ、地図など自由度の高いレイアウトの文書が作成できます。

2-1 テキストボックスを描画する

テキストボックスは内部に文字列が入力できる四角形の枠です。図形と同じように好きな位置に描画でき、ドラッグ操作で自由に移動することができます。チラシやポスター、地図など複雑なレイアウトの文書でよく使われます。

LESSON 1 基本のテキストボックスを描画する

Word では、文書の好きな位置にさまざまな図形を描画できますが、テキストボックスもこれらの図形と同じように描画できます。その他の図形と異なるのは、描画したテキストボックスの中にはカーソルが表示され、文字列を入力できるということです。

ここでは、テキストボックスを使って下図のようなイベント会場の場内配置図を完成させます。この図内の文字列は、すべてテキストボックスを使用して入力されています。

テキストボックスの使用例

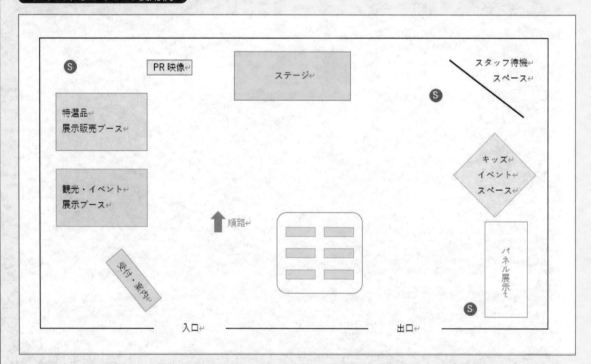

STEP テキストボックスを描画して文字列を入力する

1 実習用データの文書「**Chap2_ イベント会場配置図**」を開きます。

> 🖿 スクール応用 _Word 2019 ▶ 🖿 CHAPTER2 ▶ W 「Chap2_ イベント会場配置図」

💬 実習用データはインターネットからダウンロードできます。詳細は本書のP.（4）に記載されています。

2 ［挿入］タブの［図形］ボタンをクリックします。

💬 あらかじめ文書内の特定の範囲を選択しておく必要はありません。

→ 図形の一覧が表示されます。探しやすいようにグループごとに分類されています。

3 一覧から［基本図形］の［テキストボックス］をクリックします。

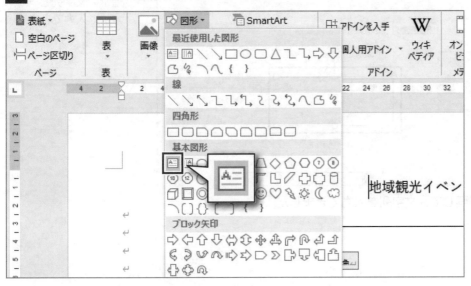

→ マウスポインターの形が ✚ に変わります。

4 テキストボックスの描画を開始したい位置でドラッグを始めます。

5 テキストボックスの描画を終了したい位置でドラッグを終わります。

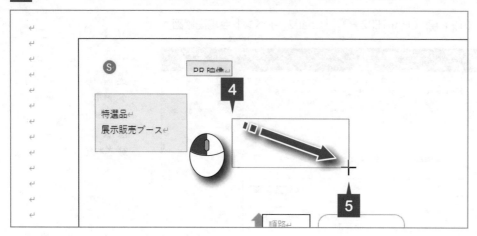

描画サイズの細かい指定は行いませんので、誌面を参考に同程度のサイズで描画してください。

→ 描画したテキストボックス内にはカーソルが表示されています。

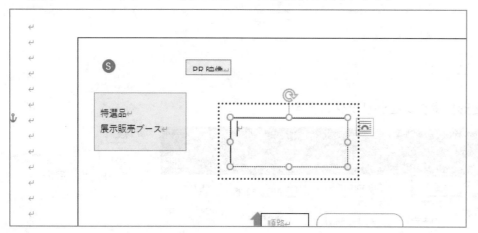

描画直後はテキストボックスが選択された状態になっています（周囲にサイズ変更ハンドルが表示されています）。

6 テキストボックスに「ステージ」と入力します。

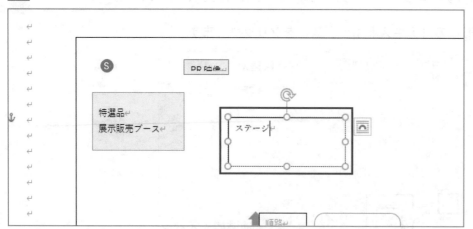

通常の文字列と同様の方法で入力できます。

→ テキストボックスを描画して、文字列を入力できました。

STEP ▶ 縦書きテキストボックスを描画して文字列を入力する

1 ［挿入］タブの［図形］ボタンをクリックします。

→ 図形の一覧が表示されます。

2 一覧から［基本図形］の［縦書きテキストボックス］をクリックします。

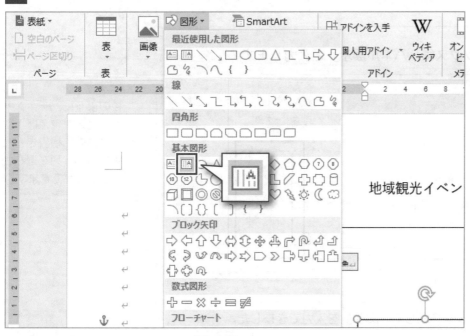

→ マウスポインターの形が ＋ に変わります。

3 縦書きテキストボックスの描画を開始したい位置でドラッグを始めます。

4 縦書きテキストボックスの描画を終了したい位置でドラッグを終わります。

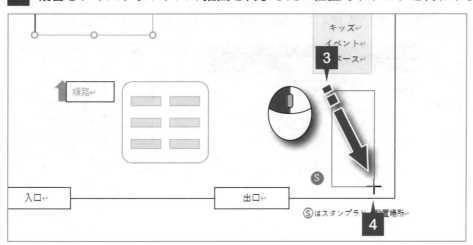

→ 描画した縦書きテキストボックス内にカーソルが表示されます。

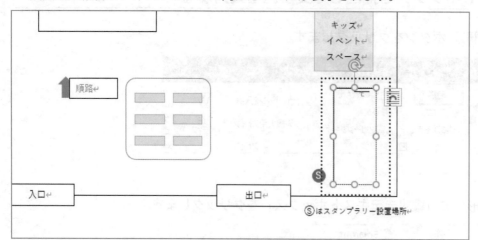

💬 横書きのテキストボックスとはカーソルの向きが異なります。

5 縦書きテキストボックスに「パネル展示」と入力します。

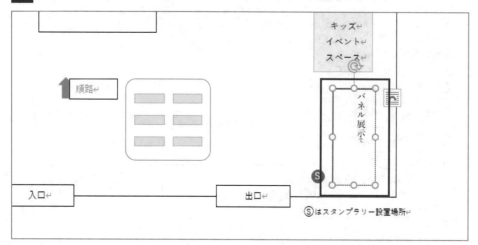

💬 このように、テキストボックスを使えば1つの文書内で横書きと縦書きの文字列を混在させることができます。

→ 縦書きテキストボックスを描画して、文字列を入力できました。

⟲ OnePoint　文字列の方向（縦書き、横書き）を変更するには

テキストボックスを描画して文字を入力した後でも、対象のテキストボックスを選択して［描画ツール］の［書式］タブの［文字列の方向］ボタンを使えば、縦書きと横書きを変更することができます。

LESSON 2 ｜ テキストボックスを選択する

テキストボックスも図形と同じく、書式設定などを行う前に選択の操作が必要になります。ただし、テキストボックスの選択には、枠内でクリックした場合と、枠線をクリックした場合で選択対象に違いがあります。

本書では説明の便宜上、枠内でクリックする選択を " 枠内選択 "、枠線をクリックする選択を " 全体選択 " と呼んで解説します。

テキストボックスを選択する 2 種類の方法

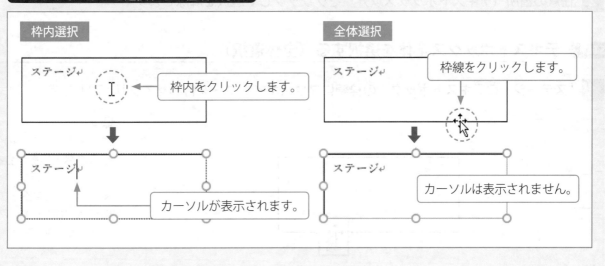

STEP テキストボックス内を選択する（枠内選択）

1 「ステージ」のテキストボックス内にマウスポインターを合わせてクリックします。

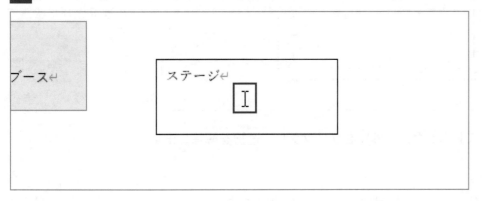

💬 対象のテキストボックス内ならどこでもかまいません。

→ テキストボックスが選択できました（テキストボックス内にカーソルが表示されています）。

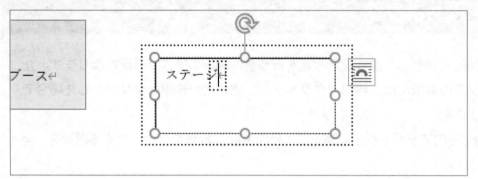

💬 文字列の入力、修正、書式設定などができる状態です。

2 任意の箇所（テキストボックス以外）をクリックして選択を解除します。

STEP テキストボックス全体を選択する（全体選択）

1 「ステージ」のテキストボックスの枠線にマウスポインターを合わせてクリックします。

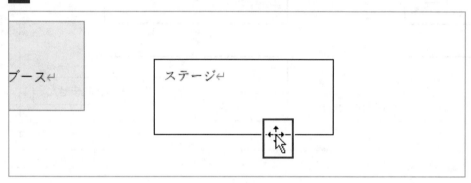

💬 マウスポインターの矢印の先端を枠線に合わせるようにします。マウスポインターの形が 🔀 になったらクリックします。

→ テキストボックスが選択できました（テキストボックス内にカーソルは表示されていません）。

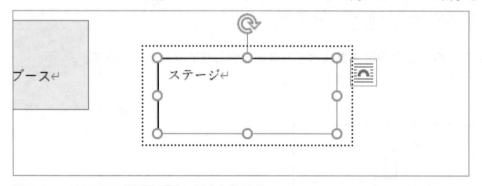

💬 テキストボックス全体（内部の文字列を含む）が選択された状態です。

2 任意の箇所（テキストボックス以外）をクリックして選択を解除します。

🔵 **One Point**　テキストボックスを削除するときの選択方法
··
　テキストボックスを削除するときは、テキストボックスの枠線をクリックして全体選択をします。全体選択をしたら Delete キーまたは Backspace キーを押して削除します。

　枠内選択ではカーソルが表示され、内部の文字列を削除する操作になってしまいます。

(←)OnePoint　複数のテキストボックスを選択するには

テキストボックスを複数選択するときは、Shiftキーを押しながら2つ目以降のテキストボックスをクリックします。なお、複数選択したときは枠内でクリックしても全体選択になります。

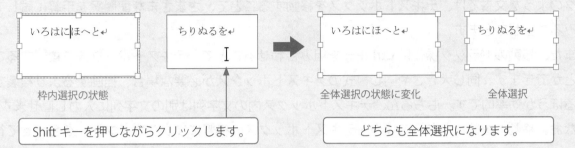

枠内選択の状態　　　　　　　　　　　　　　　　全体選択の状態に変化　　　　全体選択

Shiftキーを押しながらクリックします。　　　　　どちらも全体選択になります。

テキストボックス内の文字列だけを部分的に複数選択したい場合は、Shiftキーではなく、Ctrlキーを押しながらテキストボックス内の文字列をドラッグします。

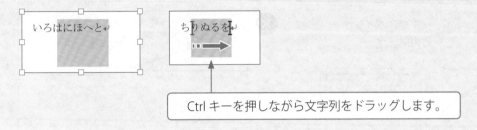

Ctrlキーを押しながら文字列をドラッグします。

LESSON 3 | テキストボックスを移動、複製する

テキストボックスの便利な点は、ドラッグ操作で簡単に移動できることです。例えば、実習用データのような文書では、テキストボックスを移動することで、さまざまな配置案を手軽に試してみることができます。

また、移動のドラッグ操作に **Ctrl** キーを組み合わせることで、テキストボックスを複製することができます。同じ大きさや同じ書式のテキストボックスが必要な場合、描画するより複製するほうが効率的です。もちろん、テキストボックス内の文字列は別の文字列に入力し直せます。

なお、移動と複製、どちらの操作もテキストボックスの枠線にマウスポインターを合わせて行います。

テキストボックスの移動時に枠線をドラッグした場合と枠内をドラッグした場合の違い

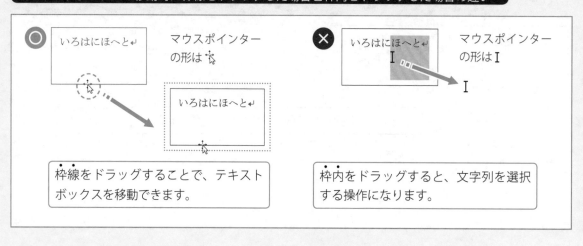

枠線をドラッグすることで、テキストボックスを移動できます。

枠内をドラッグすると、文字列を選択する操作になります。

STEP テキストボックスをドラッグ操作で移動する

1 " ステージ " のテキストボックスの枠線にマウスポインターを合わせます。

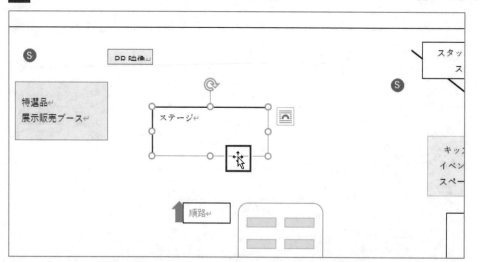

枠線上であればどこにマウスポインターを合わせてもかまいません。

→ マウスポインターの形が に変わります。

2 **下図のように移動したい位置までドラッグします。**

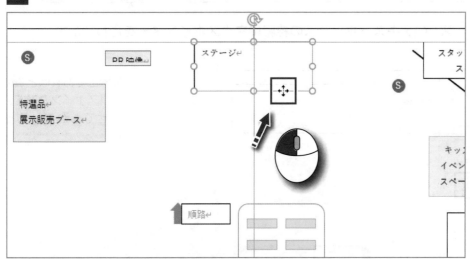

このとき緑色の線（配
置ガイド）が表示され
ることがあります。配
置の際の目安にするこ
とができます。

→ テキストボックスをドラッグ操作で移動できました。

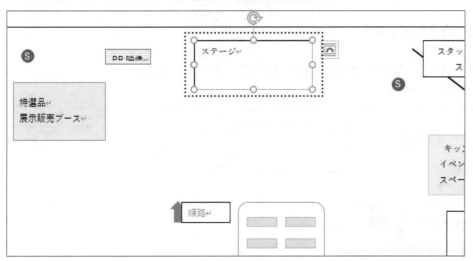

🔙 **OnePoint**　　**方向キーを使ってテキストボックスを移動するには**
....

テキストボックスも図形と同様に、方向キー（←↑↓→）を押すことで細かい距離の移動が可能です。
テキストボックスの枠線をクリックして全体選択をしてから方向キーを押します。枠内選択ではテキス
トボックスの移動ではなく、枠内のカーソルを移動する操作になります。

STEP テキストボックスをドラッグ操作で複製する

1 "特選品展示販売ブース"のテキストボックスの枠線にマウスポインターを合わせます。

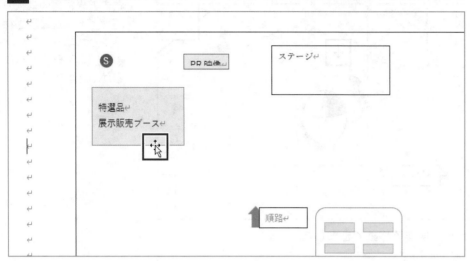

枠線上であればどこにマウスポインターを合わせてもかまいません。

→ マウスポインターの形が に変わります。

2 下図のように Ctrl キーを押しながら複製したい位置までドラッグします。

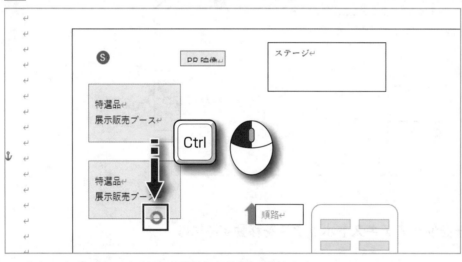

→ テキストボックスをドラッグ操作で複製できました。

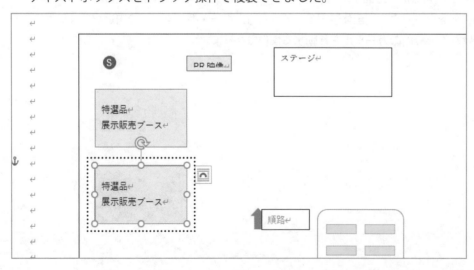

3 複製したテキストボックス内でクリックしてカーソルを表示させます。

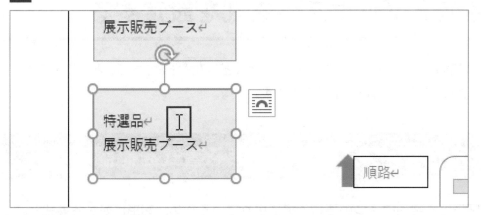

4 下図のようにテキストボックス内の文字列を入力し直します。

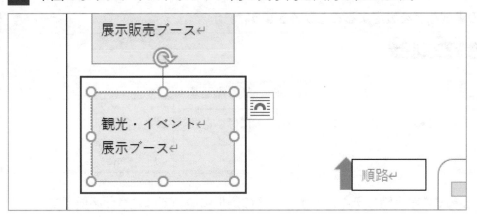

🔵 **OnePoint** ## テキストボックスのサイズを変更するには

テキストボックスを選択すると周囲にサイズ変更ハンドルが表示されます。図形と同様に、このサイズ
変更ハンドルをドラッグすれば、テキストボックスのサイズを変更することができます。

ただし、テキストボックスのサイズを変更しても内部の文字のサイズは変更されません。文字列の折り
返しの位置（改行の位置）のみ変わります。

文字を自由に配置した文書を作成する

2

2-2 テキストボックスの書式を設定する

テキストボックスも図形と同様に、塗りつぶしの色や枠線の色などの書式を設定することができます。
また、テキストボックス内の文字列にも書式を設定できます。

LESSON 1 | テキストボックスに設定できる書式を確認する

テキストボックスは図形と文字列の2つの要素で構成されているため、図形に対する書式と、
文字列に対する書式の2種類を設定できます。例えば、図形には塗りつぶしや線の書式、文字
列にはフォントや色の書式などを設定することができます。

テキストボックスに設定できる書式

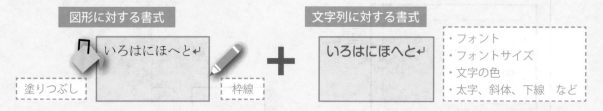

なお、"文字列に対する書式"設定時のテキストボックスの選択については注意が必要です。
"図形に対する書式"は、枠内選択、全体選択のどちらでも設定が可能ですが、"文字列に対す
る書式"は、枠内選択だけでは設定できません。枠内の対象となる文字列をドラッグして選択
する必要があります。ただし、全体選択をした場合は、テキストボックス内のすべての文字列
が書式設定の対象となるためドラッグ操作は不要です。

STEP テキストボックスの塗りつぶしの色を変更する

1 "観光・イベント"のテキストボックスを選択します（枠内選択、全体選択どちらでも可）。

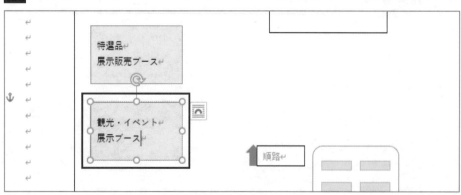

2 ［描画ツール］の［書式］タブの［図形の塗りつぶし］ボタンをクリックします。

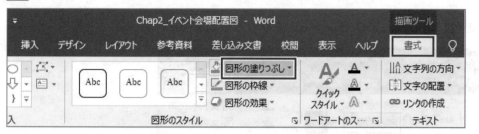

→ 色の一覧が表示されます。

3 一覧から［テーマの色］の［緑、アクセント 6、白 + 基本色 60%］をクリックします。

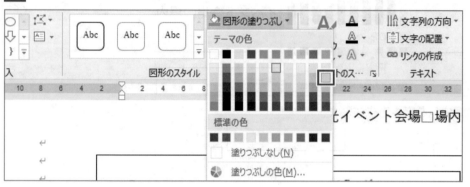

→ テキストボックスの塗りつぶしの色を変更できました。

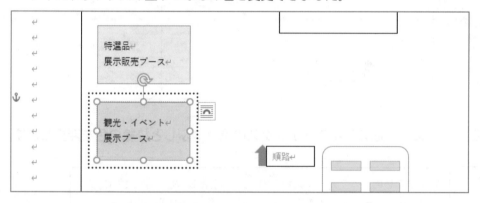

STEP テキストボックスの枠線の色を変更する

1 "観光・イベント"のテキストボックスを選択します（枠内選択、全体選択どちらでも可）。

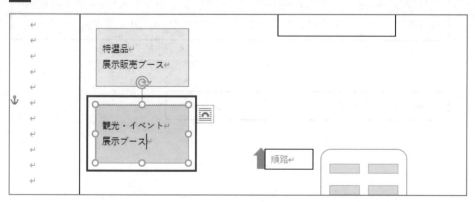

2 ［描画ツール］の［書式］タブの［図形の枠線］ボタンをクリックします。

3 一覧から［テーマの色］の［緑、アクセント6］をクリックします。

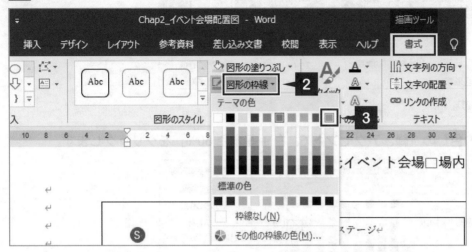

→ テキストボックスの枠線の色を変更できました。

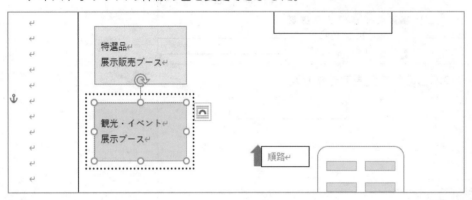

4 同様の方法で、下図のようにその他のテキストボックスの塗りつぶしと枠線の色を変更します。

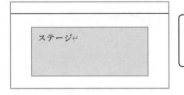

塗りつぶしの色："テーマの色"の"白、背景1、黒＋基本色15%"
枠線の色："テーマの色"の"白、背景1、黒＋基本色50%"

塗りつぶしの色："テーマの色"の"ゴールド、アクセント4、白＋基本色60%"
枠線の色："テーマの色"の"ゴールド、アクセント4、黒＋基本色25%"

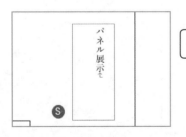

枠線の色："テーマの色"の"青、アクセント1"

STEP テキストボックスの文字列のフォントとフォントの色を変更する

1 "ステージ"のテキストボックスの枠線をクリックして全体選択します。

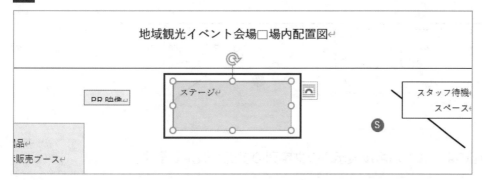

ここでは全体選択していますが、文字列の一部の書式を変更したい場合は、その文字列をドラッグして選択します。

2 ［ホーム］タブの［フォント］ボックスの▼をクリックします。

→ フォントの一覧が表示されます。

3 一覧から［游ゴシック］をクリックします。

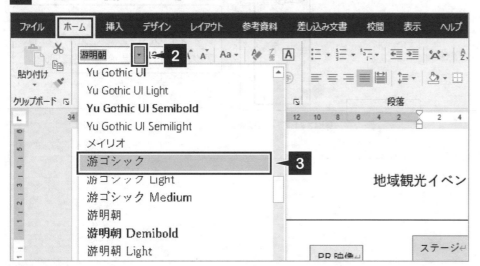

4 ［ホーム］タブの［フォントの色］ボタンの▼をクリックします。

→ 色の一覧が表示されます。

5 一覧から［標準の色］の［濃い赤］をクリックします。

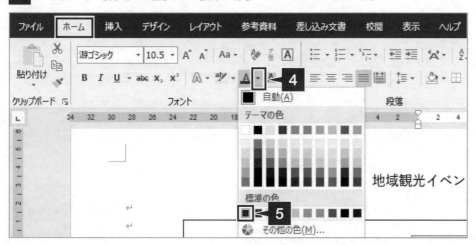

→ テキストボックス内の文字列のフォントとフォントの色が変更できました。

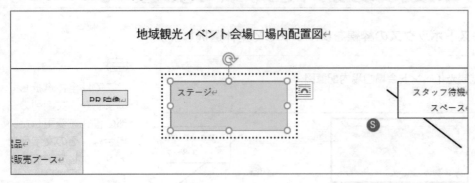

6 同様の方法で、下図のように"パネル展示"の文字列の書式を設定します。

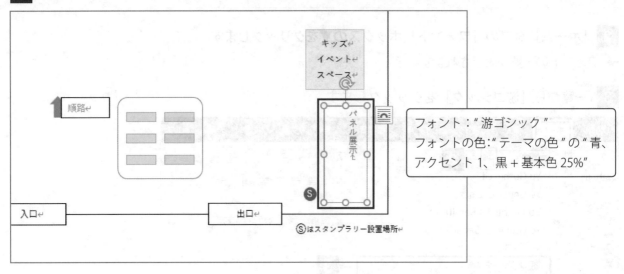

LESSON **2** テキストボックスを透明に設定する

初期設定のテキストボックスは、枠線の色が "黒"、塗りつぶしの色が "白" となっていますが、これらをなし（透明）に変更することもできます。
特に枠線と塗りつぶしの両方を "なし" にしたテキストボックスは、透明のシートに文字を書いたような状態となり、文書のどこに配置しても、まるでその位置に文字列を直接入力しているかのように見えます。

STEP テキストボックスを透明に設定する

1 "スタッフ待機スペース" のテキストボックスを選択します（枠内選択、全体選択どちらでも可）。

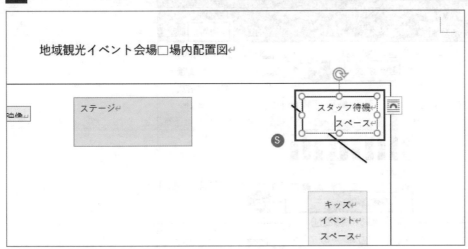

2 ［描画ツール］の［書式］タブの［図形の塗りつぶし］ボタンをクリックします。

3 一覧から［塗りつぶしなし］をクリックします。

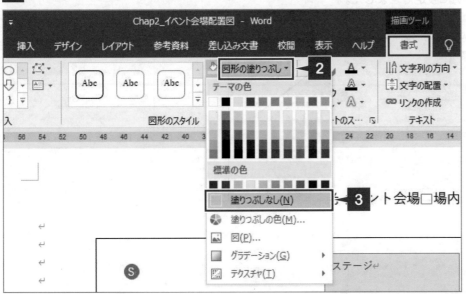

→ この操作で塗りつぶしの色は透明になりましたが、枠線の色がまだ残っています。

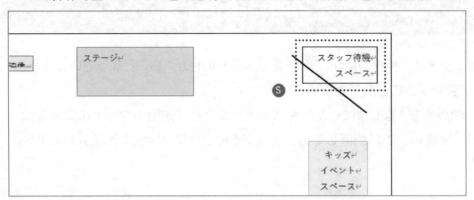

塗りつぶしが透明に
なったことで、背面に
引かれていた斜めの直
線がすべて見えるよう
になりました。

4 ［描画ツール］の［書式］タブの［図形の枠線］ボタンをクリックします。

5 一覧から［枠線なし］をクリックします。

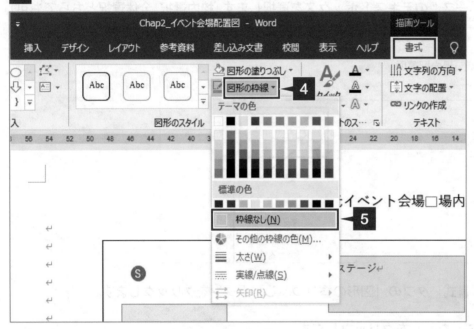

→ テキストボックスを透明に設定できました。

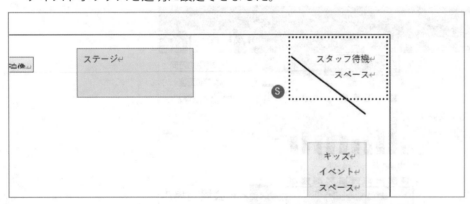

6 同様の方法で、下図のように"順路"のテキストボックスを透明に設定します。

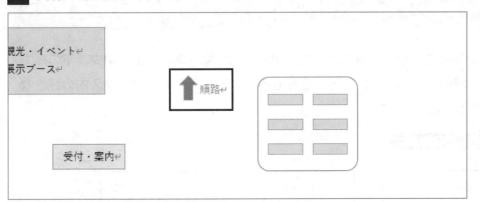

直前と同じ書式を設定する場合は、🎨［図形の塗りつぶし］や✏️［図形の枠線］のボタンのアイコン部分をクリックすると便利です。

2

文字を自由に配置した文書を作成する

7 同様の方法で、下図の2つのテキストボックスの枠線を"線なし"に設定します（塗りつぶしは変更しません）。

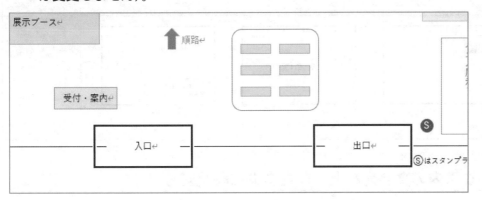

🔘**OnePoint**　　**透明のテキストボックスを選択するには**
....

透明にしたテキストボックスは枠線が見えなくなるため、移動、複製、削除時にマウスポインターを合わせる位置が分かりにくくなります。この場合は、いったん内部の文字列をクリックしてテキストボックスの領域を表す点線（枠線）を表示させ、その点線にマウスポインターを合わせて操作します。

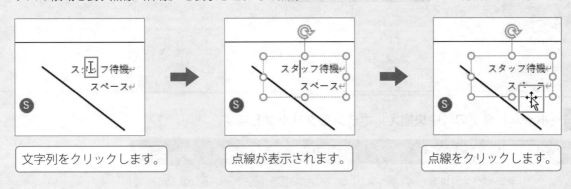

文字列をクリックします。　　　点線が表示されます。　　　点線をクリックします。

LESSON 3 テキストボックス内の文字列の配置を設定する

テキストボックス内の文字列の配置の方法は、左、中央、右の横方向と、上、中央、下の縦方向から選べます。横と縦の2種類の設定を組み合わせることで、テキストボックス内の好きな位置に文字列を配置することができます。

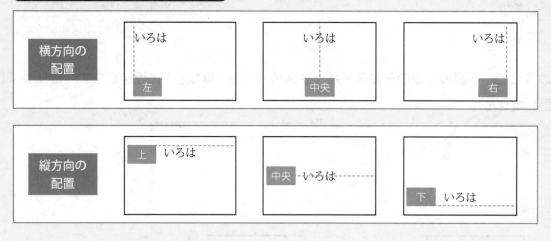

STEP テキストボックス内の文字列を上下左右中央に配置する

1 "ステージ"のテキストボックスの枠線をクリックして全体選択します。

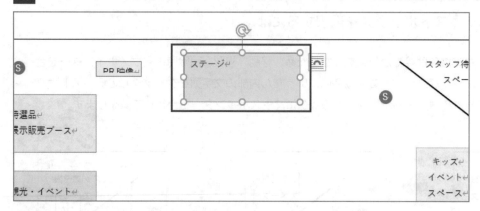

2 ［ホーム］タブの［中央揃え］ボタンをクリックします。

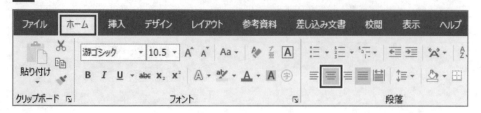

→ テキストボックス内の文字列が左右中央に配置されます。

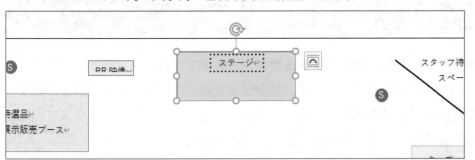

テキストボックス内に複数の段落がある場合、特定の段落のみを選択すると、その段落にのみ横方向の配置を設定することができます。

3 ［描画ツール］の［書式］タブの［文字の配置］ボタンをクリックします。

4 一覧から［上下中央揃え］をクリックします。

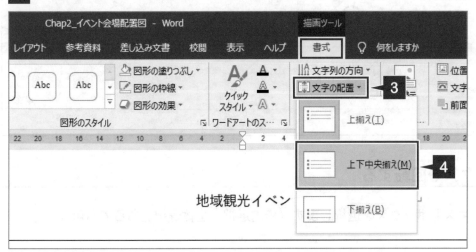

→ テキストボックス内の文字列を上下左右中央に配置できました。

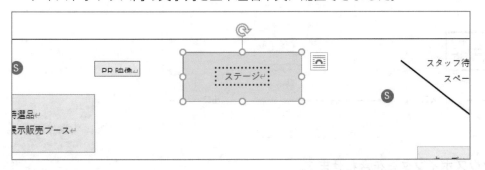

縦方向の配置はテキストボックス全体が対象です。特定の段落にのみ設定することはできません。

5 同様の方法で、テキストボックス内の文字列 "パネル展示" を上下左右中央に配置します。

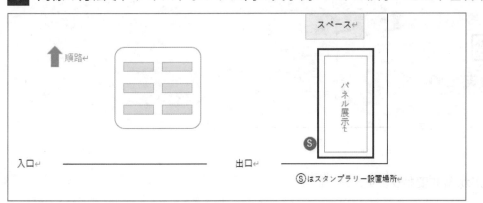

縦書きテキストボックスの場合、位置揃えのボタンのアイコン、ボタン名が多少違いますが機能は同じです。

LESSON 4 │ テキストボックスを回転する

テキストボックスを選択すると上部に**回転ハンドル**が表示されます。これをドラッグすることでテキストボックスを回転させることができます。初期設定では、テキストボックスを回転すると、**内部の文字列の角度も変わります**が、設定を変更することで、テキストボックスを回転しても内部の文字列の角度が変わらないようにすることもできます。

テキストボックスの回転

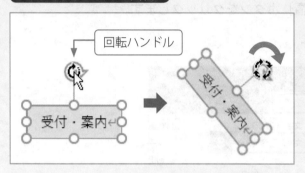

回転した文字列の角度を戻す

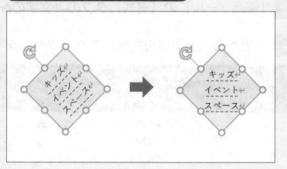

STEP テキストボックスを回転する

1 "受付・案内"のテキストボックスを選択します（枠内選択、全体選択どちらでも可）。

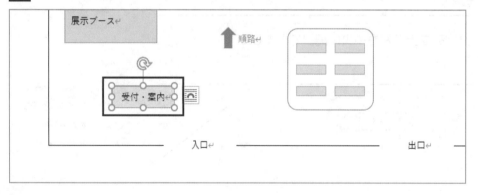

2 回転ハンドルにマウスポインターを合わせます。

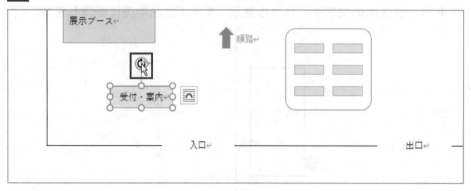

→ マウスポインターの形が に変わります。

3 下図のように、回転したい方向へドラッグします。

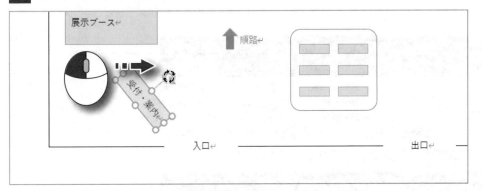

→ テキストボックスを回転できました。

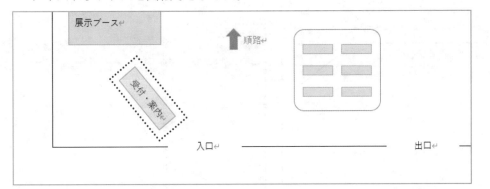

テキストボックスの回転に合わせて内部の文字列も斜めになります。

4 同様の方法で、下図のように "キッズイベントスペース" のテキストボックスを回転します。

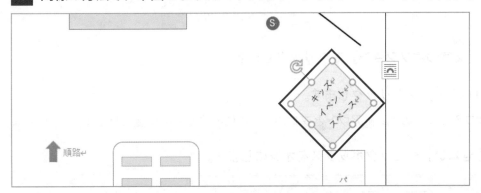

Shift キーを押しながら回転ハンドルをドラッグすると、15 度単位で回転できます。

STEP テキストボックス内の文字列が回転しないように設定する

1 "キッズイベントスペース" のテキストボックスの枠線をクリックして全体選択します。

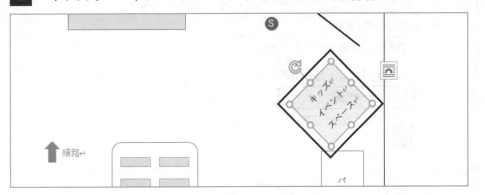

枠内選択すると、一時的に回転する前の状態に戻ります。

2 ［描画］ツールの ［書式］ タブの ［図形のスタイル］ グループの ▣ ［図形の書式設定］ をクリックします。

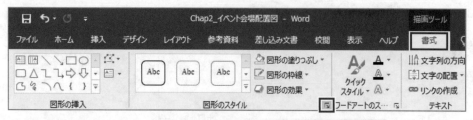

→ 画面の右側に ［図形の書式設定］ 作業ウィンドウが表示されます。

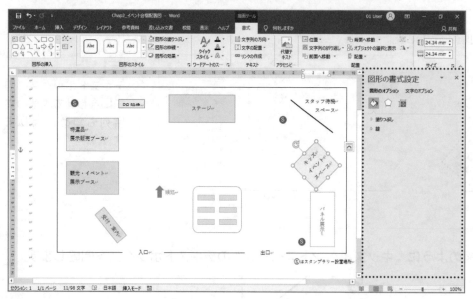

3 作業ウィンドウの ［文字のオプション］ をクリックします。

4 ［レイアウトとプロパティ］ をクリックします。

→ 設定内容が "文字のオプション" の "レイアウトとプロパティ" に関するものに変わります。

5 ［テキストを回転させない］ チェックボックスをオンにします。

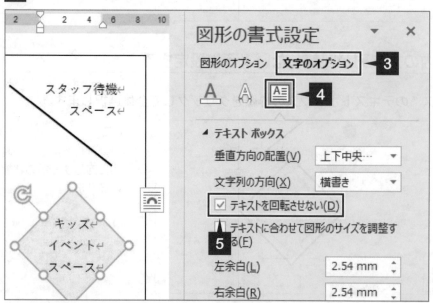

→ テキストボックス内の文字列が回転しないように設定できました。

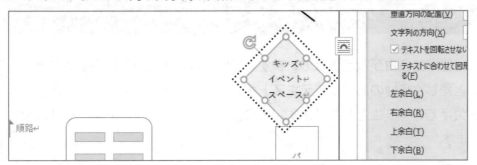

6　［図形の書式設定］作業ウィンドウの閉じるボタンをクリックします。

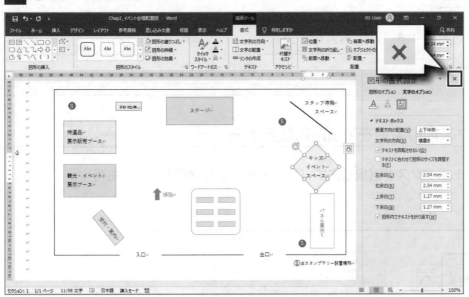

→ ［図形の書式設定］作業ウィンドウが閉じます。

LESSON 5 | テキストボックス内の余白を調整する

テキストボックス内には標準で**余白**が設定されています。普段は余白をあまり意識することはありませんが、文字列と同じぐらいの高さまでテキストボックスを小さくしたときに、内部の余白が原因で文字列が欠けてしまうことがあります。このようなときはテキストボックス内の余白を調整して対応します。

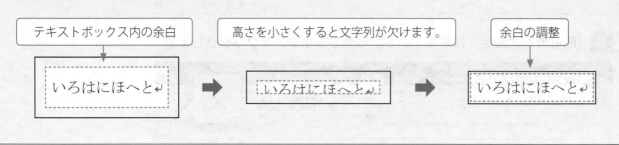

STEP テキストボックス内の余白を **0mm**に設定する

1 "PR映像" のテキストボックスを選択します（枠内選択、全体選択どちらでも可）。

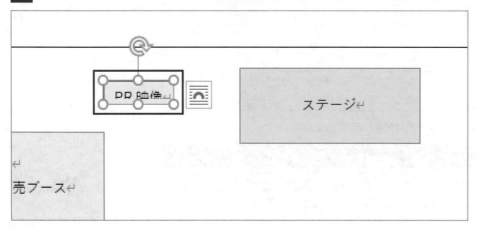

2 ［描画］ツールの［書式］タブの［図形のスタイル］グループの ▣ ［図形の書式設定］をクリックします。

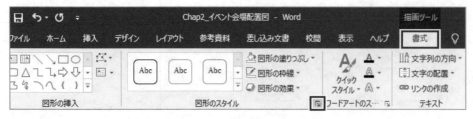

→ 画面の右側に［図形の書式設定］作業ウィンドウが表示されます。

3 作業ウィンドウの［文字のオプション］をクリックします。

4 ［レイアウトとプロパティ］をクリックします。

→ 設定内容が " 文字のオプション " の " レイアウトとプロパティ " に関するものに変わります。

5 上下左右の各余白のボックスの数値をすべて「0」に変更します。

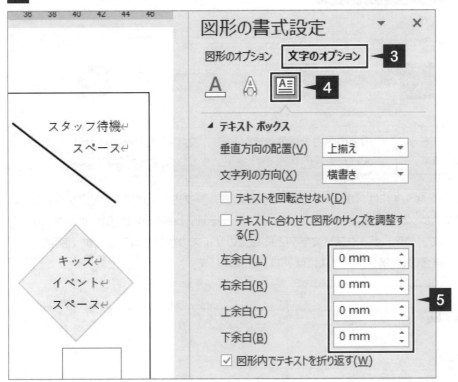

🗩 単位「mm」は入力を
省略してもかまいませ
ん。

→ テキストボックス内の余白を 0mm に設定し、欠けていた文字列が見えるようになりました。

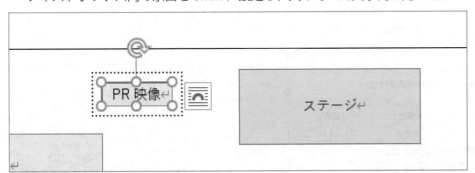

6 ［図形の書式設定］作業ウィンドウの閉じるボタンをクリックします。

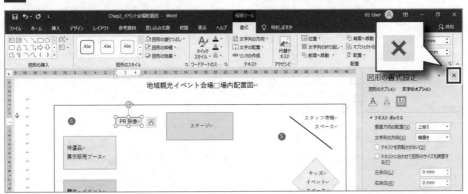

⟲ OnePoint　テキストボックス内の余白を小さくしても文字列が欠ける場合

テキストボックス内の余白を調整しても文字列の上部に余分な空白があるときは、文字（段落）自体の行間が原因です。

行間を調整した小さな図形内の文字列の表示

文字上部の余分な空白は行間が原因

サイズを小さく　　余白を調整　　行間（行送り）を調整

| テキストボックスのサイズを小さくすると文字列が欠けます。 | 内部の余白を調整しても欠けたままの状態です。 | 文字列の上部の空白がなくなり、文字列が収まります。 |

行間を調整して上部の空白をなくすには、［ホーム］タブの［段落］グループの □ ［段落の設定］をクリックして、［段落］ダイアログボックスを表示します。［インデントと行間隔］タブの［行間］ボックスから［固定値］をクリックして、［間隔］ボックスに文字列と同程度のサイズの数値を指定します（例えば、フォントサイズが 11pt の場合、［間隔］ボックスには「11」を指定します）。

段落　　　　　　　　　　　　　　　　　　　　? ✕

インデントと行間隔　改ページと改行　体裁

全般

配置(G):　　　中央揃え ▼

アウトライン レベル(O):　本文 ▼　☐ 既定で折りたたみ(E)

インデント

左(L):　　0 字 ⬍　　最初の行(S):　　幅(Y):
右(R):　　0 字 ⬍　　（なし）　　▼　　　　⬍

☐ 見開きページのインデント幅を設定する(M)
☑ 1 行の文字数を指定時に右のインデント幅を自動調整する(D)

間隔

段落前(B):　　0 行 ⬍　　行間(N):　　　間隔(A):
段落後(F):　　0 行 ⬍　　固定値 ▼　　11 pt ⬍

☐ 同じスタイルの場合は段落間にスペースを追加しない(C)
☑ 1 ページの行数を指定時に文字を行グリッド線に合わせる(W)

プレビュー

前の段落　前の段落　前の段落　前の段落　前の段落　前の段落　前の段落　前の段落　前の段落　前の段落　前の段落　前の段落　前の段落　前の段落　前の段落　前の段落　前の段落
5
次の段落　次の段落　次の段落　次の段落　次の段落　次の段落　次の段落　次の段落　次の段落　次の段落　次の段落　次の段落　次の段落　次の段落　次の段落　次の段落　次の段落　次の段落　次の段落

タブ設定(T)...　　既定に設定(D)　　OK　　キャンセル

LESSON 6 ｜ 図形に文字列を入力する

テキストボックスは描画した時点で内部にカーソルが表示されますが、図形の場合はカーソルが表示されません。このことから図形には一見文字が入力できないように思われますが、図形を選んだ状態で入力を開始するとカーソルが表示されて文字が入力できます。

図形に文字を入力した例

いったん文字を入力した図形は、その後はテキストボックスと同じように扱う必要があります。例えば、移動や複製の際は、図形の枠線にマウスポインターを合わせてドラッグしなければなりません。

STEP **五角形を描画して内部に文字列を入力する**

1 ［挿入］タブの［図形］ボタンをクリックします。

→ 図形の一覧が表示されます。

2 一覧から［基本図形］の［五角形］をクリックします。

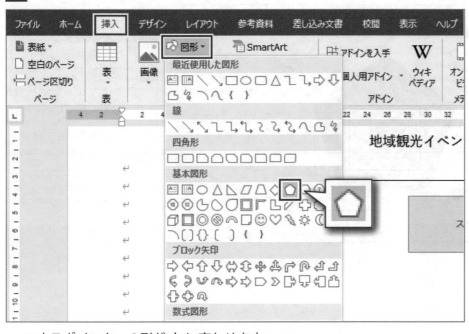

→ マウスポインターの形が ✚ に変わります。

3 五角形の描画を開始したい位置でドラッグを始めます。

4 五角形の描画を終了したい位置でドラッグを終わります。

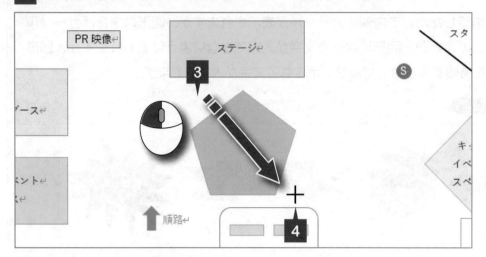

5 五角形を選択した状態で、「ミニ」と入力します。

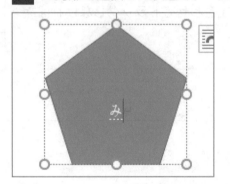
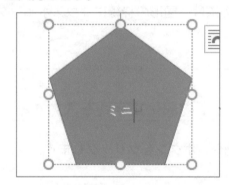

1文字でも入力すると、文字とカーソルが表示され、テキストボックスと同様の状態になります。

6 Enter キーを押して改行し、下図のように残りの文字列「キッチン」を入力します。

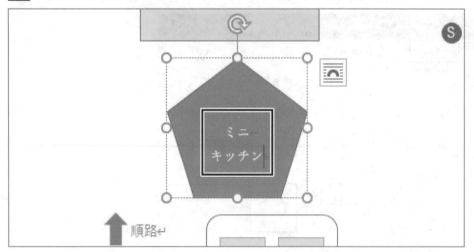

文字が収まらない場合は、五角形のサイズ変更ハンドルをドラッグしてサイズを適宜調整してください。

7 前述の「LESSON 1 テキストボックスに設定できる書式を確認する」と同様の方法で、五角形テキストボックスと文字列の書式を下図のように変更します。

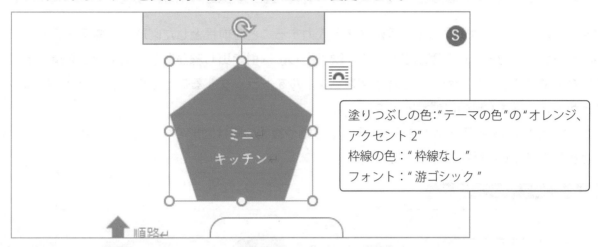

塗りつぶしの色:"テーマの色"の"オレンジ、アクセント 2"
枠線の色："枠線なし"
フォント："游ゴシック"

⟵ **One Point**　**図形の塗りつぶしの色を白色にする場合の注意点**

テキストボックスとは異なり、図形に入力した文字列は白色で表示されます。そのため、図形の塗りつぶしを白色にしていると入力した文字列が見えません。
この場合は、まず図形の枠線をクリックして全体選択し、文字の色を白以外の任意の色に変更します。全体を選択しているので図形内のすべての文字列の色が変更され、文字が見えるようになります。

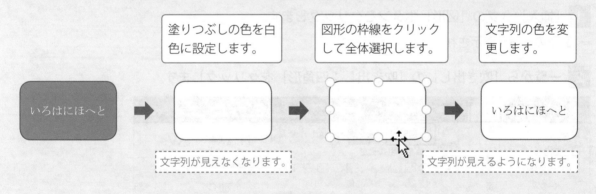

塗りつぶしの色を白色に設定します。

図形の枠線をクリックして全体選択します。

文字列の色を変更します。

文字列が見えなくなります。

文字列が見えるようになります。

2 文字を自由に配置した文書を作成する

LESSON 7 | 吹き出しを描画する

吹き出しはテキストボックスのように文字を入力することを前提とした図形で、描画すると内部にあらかじめカーソルが表示されます。吹き出しには引き出し線があり、主に何かを指し示す用途で使います。この引き出し線は調整ハンドルをドラッグすることで自由な方向へ向けることができ、長さも自由に調整できます。

なお、吹き出しもテキストボックスと同じく、移動や複製の際は図形の枠線にマウスポインターを合わせて操作しなければなりません。

吹き出しに文字を入力した例

STEP 吹き出しを描画して文字列を入力する

1 ［挿入］タブの［図形］ボタンをクリックします。

→ 図形の一覧が表示されます。

2 一覧から［吹き出し］の［吹き出し：四角形］をクリックします。

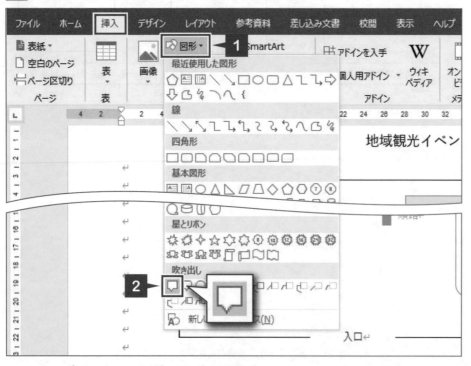

→ マウスポインターの形が ＋ に変わります。

3 吹き出しの描画を開始したい位置でドラッグを始めます。

4 吹き出しの描画を終了したい位置でドラッグを終わります。

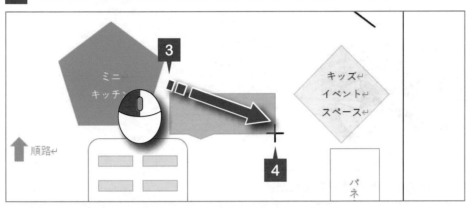

→ 描画した吹き出し内にはカーソルが表示されています。

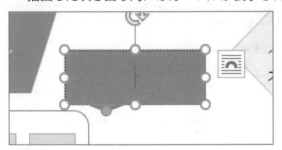

5 吹き出しに「休憩スペース」と入力します。

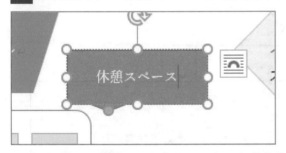

→ 吹き出しを描画して文字列を入力できました。

6 吹き出しに表示されている調整ハンドルにマウスポインターを合わせます。

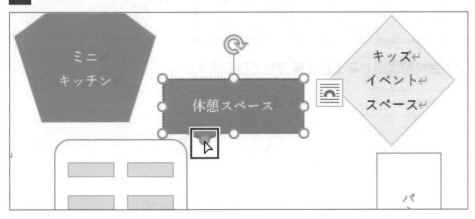

→ マウスポインターの形が▷になります。

7 下図のように調整ハンドルをドラッグします。

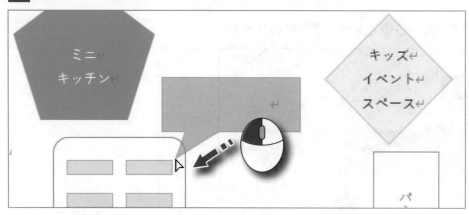

→ 吹き出しから伸びる引き出し線の位置を調整できました。

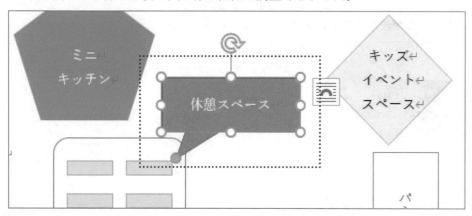

8 下図のように吹き出しと文字列の書式を変更します。

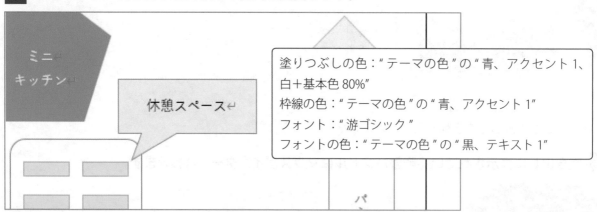

塗りつぶしの色："テーマの色"の"青、アクセント1、白+基本色80%"
枠線の色："テーマの色"の"青、アクセント1"
フォント："游ゴシック"
フォントの色："テーマの色"の"黒、テキスト1"

9 文書「Chap2_ イベント会場配置図」を上書き保存して閉じます。

学習の
まとめ | **CHAPTER 2 章末練習問題**

【章末練習問題 1】店舗移転のお知らせ（テキストボックス）

📁 スクール応用 _Word 2019 ▶ 📁 CHAPTER2 ▶ 📁 章末練習問題 ▶ 🅦「Chap2_ 店舗移転のお知らせ（テキストボックス）」

---

[1] 文書「Chap2_ 店舗移転のお知らせ（テキストボックス）」を開きましょう。

※ CHAPTER1 の章末練習問題で作成した文書「Chap1_ 店舗移転のお知らせ（図形）」を使用してもかまいません。

[2] 完成例を参考に、テキストボックスを描画して「ブックストア」と入力して配置しましょう。
入力した文字列のフォントを " 游ゴシック " に設定しましょう。

[3] 完成例を参考に、描画済みの四角形の図形の中に「別丘駅」と入力しましょう。初期設定で
はフォントの色が白色のため、" テーマの色 " の " 黒、テキスト 1" に変更しましょう。また、
図形内の上下の余白を 0mm にして、文字列を四角形の中に収めましょう。

[4] 図形 " 四角形：上の 2 つの角を切り取る " を描画して以下のように書式設定し、図形の中に「緑
地公園」と入力しましょう。

- 塗りつぶしの色：" 標準の色 " の " 薄い緑 "
- 線の色：" なし "
- フォント：" 游ゴシック "

[5] 完成例を参考に、" 緑地公園 " と入力した図形を回転しましょう。ただし、文字列は回転し
ないようにしましょう。

[6] 完成例を参考に、テキストボックスを描画して「国道 1 号線」と入力し、塗りつぶしの色と
線の色を透明にして配置しましょう。入力した文字列のフォントは " 游ゴシック " に設定し
ましょう。

[7] 吹き出し " 角を丸めた四角形 " を描画して以下のように書式設定し、「新店舗」と入力しましょ
う。

- 塗りつぶしの色：" 標準の色 " の " 濃い赤 "
- 線の色：" なし "
- フォント：" 游ゴシック "

[8] 文書を上書き保存して閉じましょう。

＜完成例＞

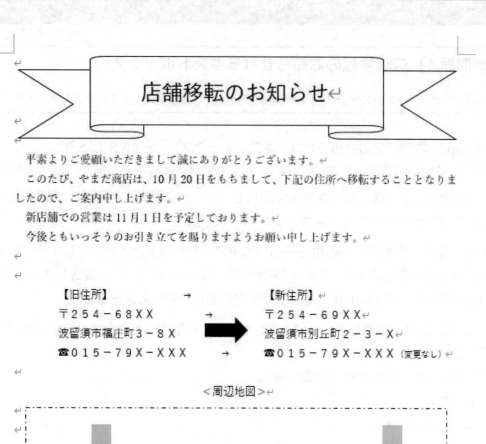

店舗移転のお知らせ

平素よりご愛顧いただきまして誠にありがとうございます。

このたび、やまだ商店は、10月20日をもちまして、下記の住所へ移転することとなりましたので、ご案内申し上げます。

新店舗での営業は11月1日を予定しております。

今後ともいっそうのお引き立てを賜りますようお願い申し上げます。

【旧住所】 → 【新住所】

〒254-68XX → 〒254-69XX

波留須市福庄町3-8X 波留須市別丘町2-3-X

☎015-79X-XXX → ☎015-79X-XXX （変更なし）

＜周辺地図＞

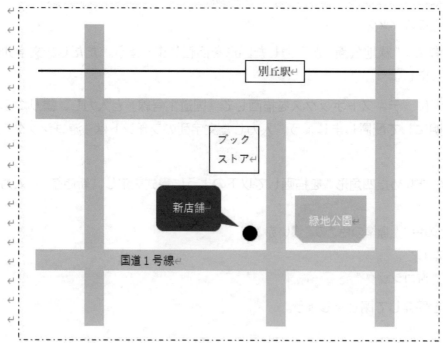

【章末練習問題 2】テキストボックスの練習

スクール応用 _Word 2019 ▶ CHAPTER2 ▶ 章末練習問題 ▶ 「Chap2_ テキストボックスの練習」

1 文書「Chap2_ テキストボックスの練習」を開きましょう。

2 文書内の【見本】にテキストボックスや吹き出しが描画されています。それらを参考にして同様のテキストボックスや吹き出しを【練習】に作成しましょう。
※【見本】とまったく同じでなくてもかまいません。

・テキストボックスの描画と書式設定

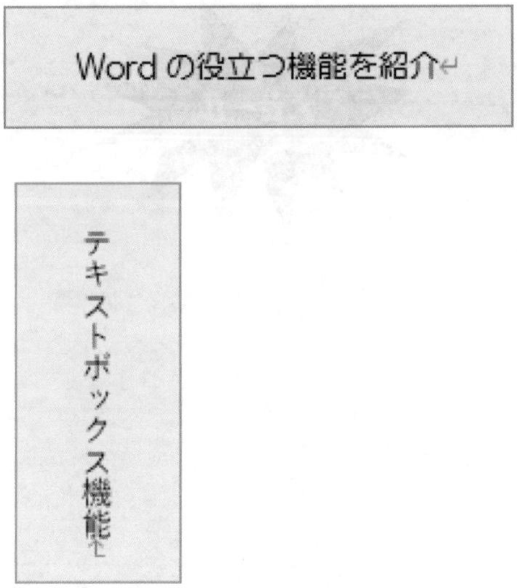
Wordの役立つ機能を紹介
テキストボックス機能

・テキストボックスの透明化

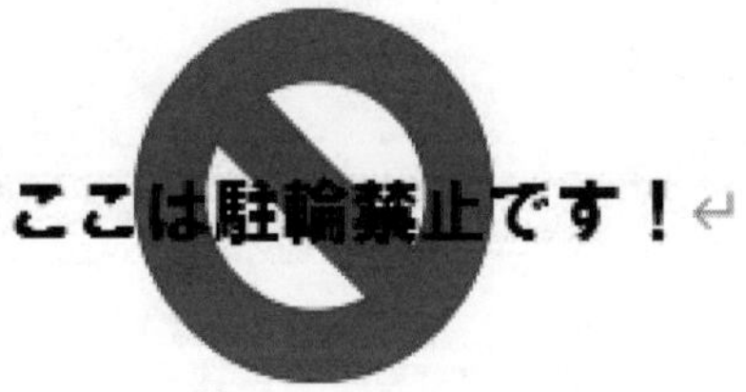
ここは駐輪禁止です！

・テキストボックスの移動

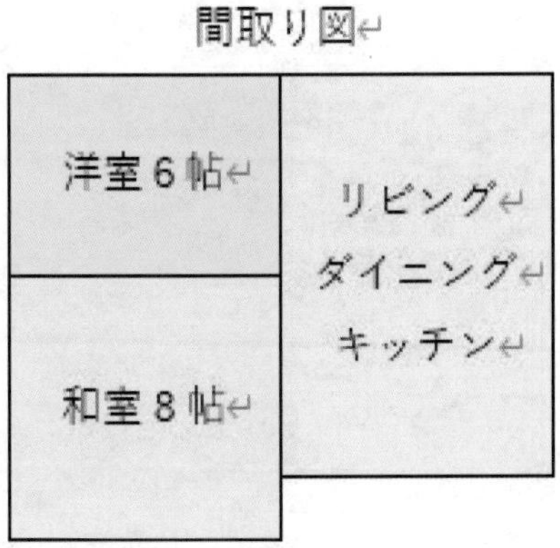
間取り図
洋室6帖
リビング
ダイニング
キッチン
和室8帖

・テキストボックスの複製

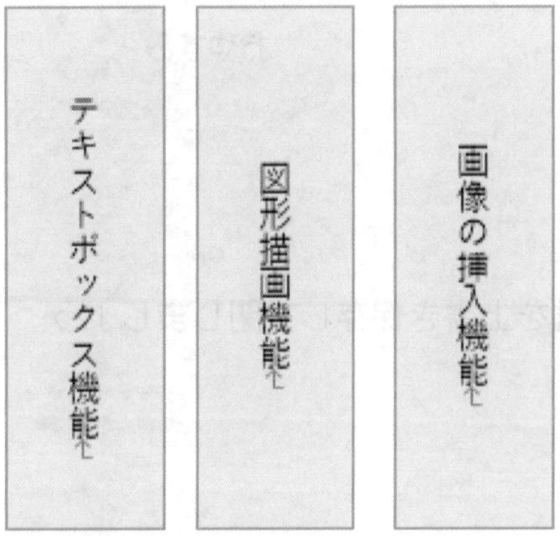
テキストボックス機能
図形描画機能
画像の挿入機能

・テキストボックスの回転と内側の余白の調整　　　・図形内に文字を入力

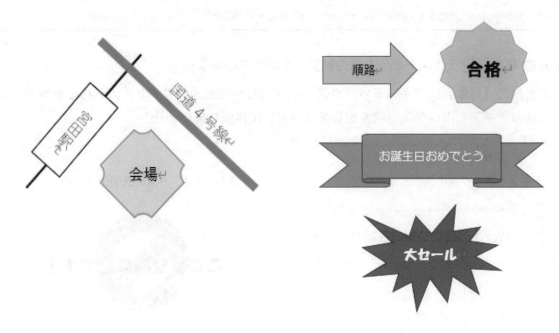

・吹き出しの描画

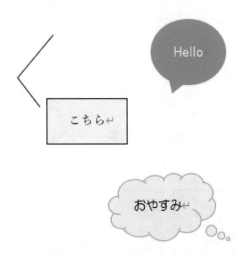

3 文書を上書き保存して閉じましょう。

3

複雑な表を作成する

Word では最初から複雑な形の表を挿入することは難しいため、まずシンプルな形の表を挿入し、そこに列や行を追加したり、セルを分割や結合したりして表を整えていきます。
さらに罫線やセルの背景色にもさまざまな装飾を行い、自分の思ったとおりの表に仕上げることができます。

3-1 複雑な形状の表を作成する

複雑な形状の表を作成するには、列や行を後から挿入したり削除したりして形状を変更していく操作や、列の幅や行の高さを任意に調整する操作、またセルの結合や分割の操作などが必要になります。

LESSON 1 | 表に列や行を挿入する

表を作成するなかで、列や行の追加が必要になることがありますが、その際は簡単な操作で目的の位置に挿入できます。ここでは、コントロールの挿入を利用する方法と、リボンを利用する方法の2種類を学習します。

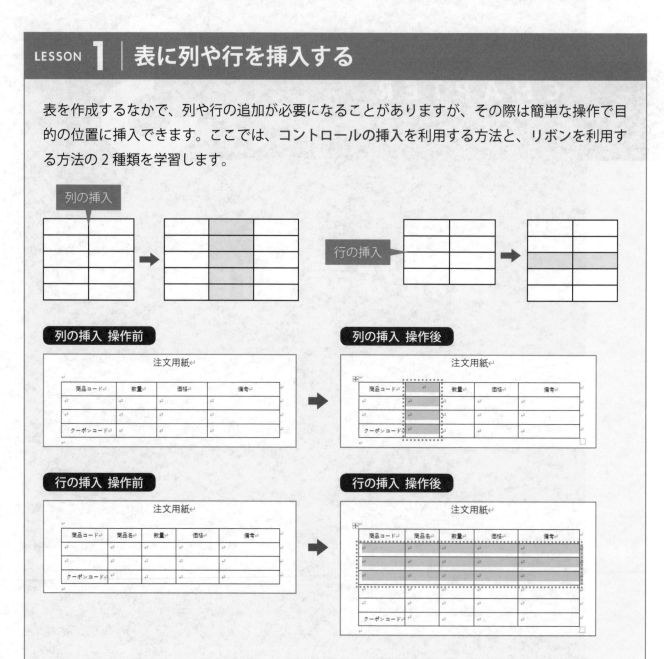

3

複雑な表を作成する

STEP 表に空白列を 1 列挿入する

1 実習用データの文書「Chap3_ ハンドメイドショップ注文用紙」を開きます。

▰ スクール応用 _Word 2019 ▶ ▰ CHAPTER3 ▶ �W 「Chap3_ ハンドメイドショップ注文用紙」

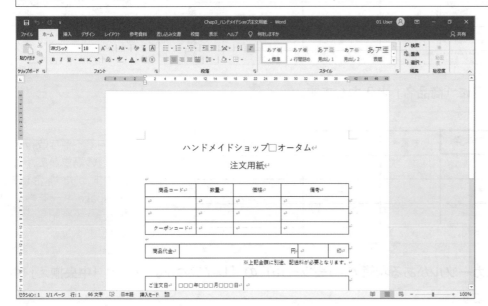

実習用データはインターネットからダウンロードできます。詳細は本書の P.（4）に記載されています。

2 マウスポインターを下図の位置に合わせます。

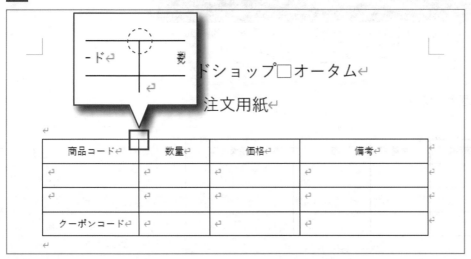

→ 列を挿入するための ⊕ ［コントロールの挿入］が表示されます。

3 ⊕ ［コントロールの挿入］をクリックします。

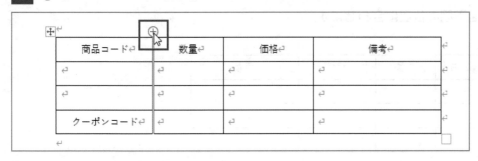

⊕が表示されない場合は、マウスポインターを少し動かして、⊕が表示される位置を探してください。

→ 表の1列目と2列目の間に空白列が1列挿入されます。

商品コード↵	↵	数量↵	価格↵	備考↵	
↵	↵	↵	↵	↵	
↵	↵	↵	↵	↵	
クーポンコード↵	↵	↵	↵	↵	

列を挿入しても表全体の幅は変わりませんが、その他の列の幅がそれぞれ狭くなります。

4 挿入した列の1行目に「商品名」と入力します。

商品コード↵	商品名↵	数量↵	価格↵	備考↵	
↵	↵	↵	↵	↵	
↵	↵	↵	↵	↵	
クーポンコード↵	↵	↵	↵	↵	

セル内で不要な改行をして行の高さが広がってしまった場合は、Backspaceキーを押して改行（段落記号）を削除します。

5 入力したセル内にカーソルがある状態で、［表ツール］の［レイアウト］タブの［中央揃え］ボタンをクリックします。

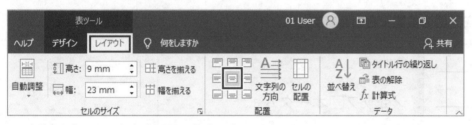

→ 文字列がセルの中央に配置できました。

商品コード↵	商品名↵	数量↵	価格↵	備考↵	
↵	↵	↵	↵	↵	
↵	↵	↵	↵	↵	
クーポンコード↵	↵	↵	↵	↵	

STEP 表に空白行を3行挿入する

1 マウスポインターを下図の位置に合わせます。

商品コード↵	商品名↵	数量↵	価格↵	備考↵	
↵	↵	↵	↵	↵	
↵	↵	↵	↵	↵	
クーポンコード↵	↵	↵	↵	↵	

2 その位置から下方向にドラッグして、2 行目から 4 行目までを範囲選択します。

3 マウスポインターを下図の位置に合わせます。

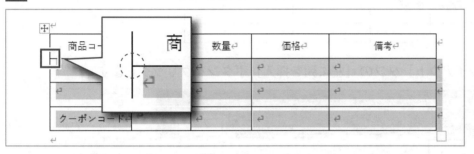

→ 行を挿入するための ⊕［コントロールの挿入］が表示されます。

4 ⊕［コントロールの挿入］をクリックします。

→ 表の 1 行目と 2 行目の間に空白行を 3 行挿入できました。

行を挿入すると、その
行の高さだけ表全体の
高さが広がります。

複雑な表を作成する

3

STEP リボン（表ツール）を使って表の左端に空白列を1列挿入する

1 1列目の任意のセルにカーソルを移動します。

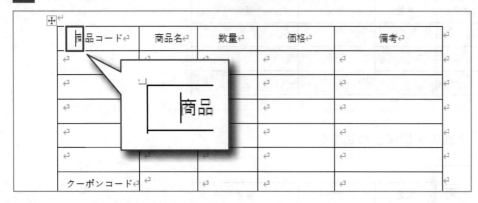

左図では上端のセルにカーソルを移動していますが、1列目であればどのセルでもかまいません。

2 ［表ツール］の［レイアウト］タブの［左に列を挿入］ボタンをクリックします。

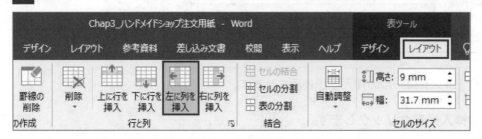

1列目の左側、1行目の上側には［コントロールの挿入］が表示されないので、リボンを利用します。

→ 表の左端に空白列が1列挿入されます。

	商品コード	商品名	数量	価格	備考
	クーポンコード				

3 下図のように挿入した列に文字を入力します。

No.	商品コード	商品名	数量	価格	備考
1					
2					
3					
4					
5					
	クーポンコード				

"No."は「なんばー」と入力して変換します。また、数値は半角で入力します。

4 マウスポインターを下図の位置に合わせてクリックします。

No.	商品コード	商品名	数量	価格	備考
1					
2					
3					
4					
5					
	クーポンコード				

マウスポインターの形
が ↓ に変わった状態で
クリックします。

→ 1列目が範囲選択されます。

No.	商品コード	商品名	数量	価格	備考
1					
2					
3					
4					
5					
	クーポンコード				

5 ［表ツール］の［レイアウト］タブの［中央揃え］ボタンをクリックします。

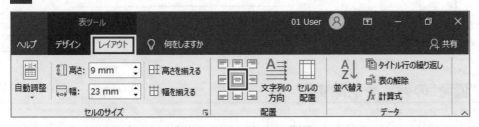

→ 入力した文字列がセルの中央に配置できました。

No.	商品コード	商品名	数量	価格	備考
1					
2					
3					
4					
5					
	クーポンコード				

3

複雑な表を作成する

LESSON 2 | 表の列や行を削除する

必要のない列や行は削除することができます。ここではリボン使って削除する方法を学習します。

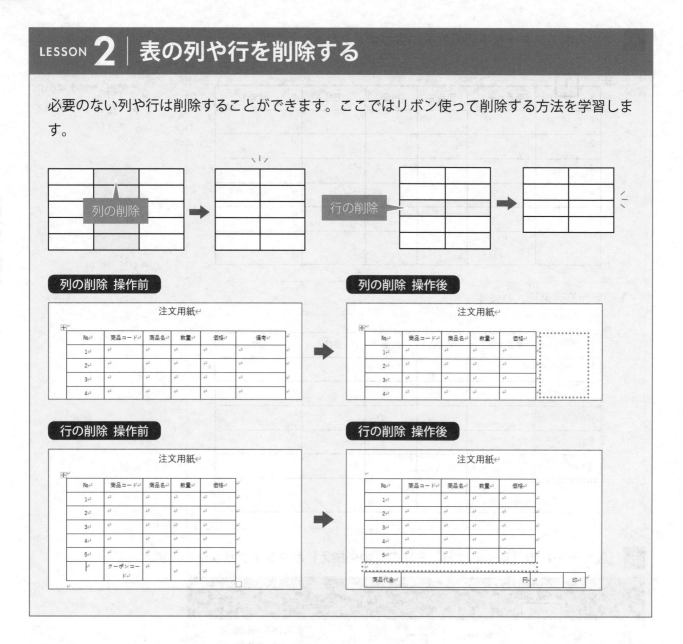

STEP 表の6列目（"備考"の列）を削除する

1 表の6列目の任意のセルにカーソルを移動します。

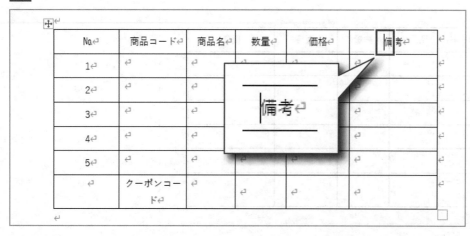

左図では上端のセルにカーソルを移動していますが、6列目であればどのセルでもかまいません。

2 ［表ツール］の［レイアウト］タブの［削除］ボタンをクリックします。

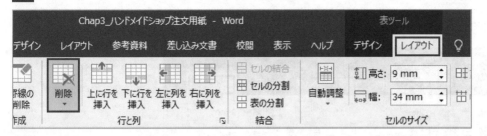

3 一覧から［列の削除］をクリックします。

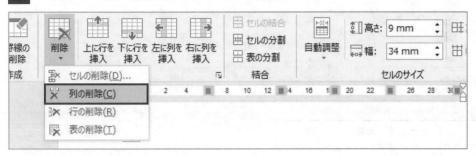

→ 表の 6 列目を削除できました。

No.↵	商品コード↵	商品名↵	数量↵	価格↵
1↵	↵	↵	↵	↵
2↵	↵	↵	↵	↵
3↵	↵	↵	↵	↵
4↵	↵	↵	↵	↵
5↵	↵	↵	↵	↵
↵	クーポンコード↵	↵	↵	↵

列を削除してもその他の列の幅は変わらず、表全体の幅がその列の分だけ狭くなります。

STEP 表の 7 行目（"クーポンコード"の行）を削除する

1 表の 7 行目の任意のセルにカーソルを移動します。

No.↵	商品コード↵	商品名↵	数量↵	価格↵
1↵	↵	↵	↵	↵
2↵	↵	↵	↵	↵
3↵	↵	↵	↵	↵
4↵	↵	↵	↵	↵
5↵	↵	↵	↵	↵
↓	クーポンコード↵	↵	↵	↵

左図では左端のセルにカーソルを移動していますが、7 行目であればどのセルでもかまいません。

2 ［表ツール］の ［レイアウト］ タブの ［削除］ ボタンをクリックします。

3 一覧から ［行の削除］ をクリックします。

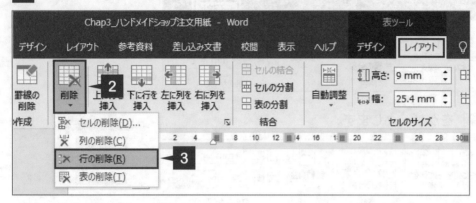

→ 表の 7 行目を削除できました。

No.↵	商品コード↵	商品名↵	数量↵	価格↵	
1↵	↵	↵	↵	↵	
2↵	↵	↵	↵	↵	
3↵	↵	↵	↵	↵	
4↵	↵	↵	↵	↵	
5↵	↵	↵	↵	↵	
商品代金↵				円↵	↵ 印↵

STEP 表の列の幅を調整する

1 表の 1 列目と 2 列目の境界線にマウスポインターを合わせます。

No.↵	商品コード↵	商品名↵	数量↵	価格↵
1↵	↵	↵	↵	↵
2↵	↵	↵	↵	↵

→ マウスポインターの形が ╫ に変わります。

2 下図のようにその位置から左方向にドラッグします。

No.↵	商品コード↵	商品名↵	数量↵	価格↵
1↵	↵	↵	↵	↵
2↵	↵	↵	↵	↵

ドラッグすると列幅や
行高の目安となる点線
が表示されます。ここ
では水平ルーラーの約
4 文字の位置を目安に
列幅を変更します。

→ 表の 1 列目の列幅が狭くなるように調整しました。

No.	商品コード	商品名	数量	価格
1				
2				
3				
4				
5				

OnePoint　ミニツールバーを利用して列や行を挿入、削除するには

この LESSON で学習した方法の他に、列と行を挿入したり削除したりする方法には、ミニツールバーを利用することもできます。ミニツールバーとは、複数のセル、列、行などを範囲選択した時点でその近くに表示される操作パネルです。書式設定のボタン以外に［挿入］と［削除］のボタンがあり、このボタンをクリックすることで、列と行の挿入や削除を行えます。

LESSON 3 | キー操作と組み合わせて列幅を調整する

通常のドラッグ操作で列幅を広げると隣の列の幅は狭くなります。反対に列幅を狭めると隣の列の幅は広くなります。ただし、表全体の幅は変わりません。

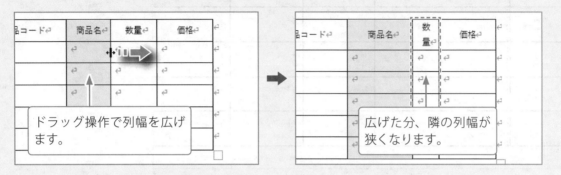

隣の列に影響なく対象の列幅を変更するには、Shift キーを押しながらドラッグします。ただし、表全体の幅は大きくなります。

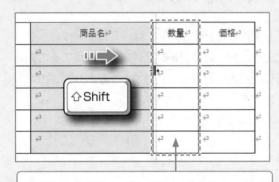

また、通常のドラッグ操作で列幅を広げるとき、右隣の列を超えて広げることはできませんが、こうした場合も Shift キーを押しながらドラッグすることで、任意の位置まで列幅を広げられます。

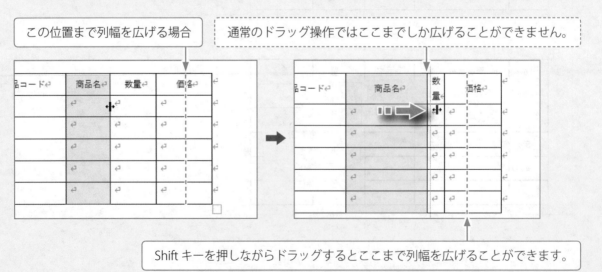

STEP ▶ **Shiftキーを押しながらドラッグする方法で列幅を広げる**

1 表の3列目と4列目の境界線にマウスポインターを合わせます。

─ド↵	商品名↵	数量↵	価格↵	
	↵	↵	↵	
	↵	↵	↵	
	↵	↵	↵	
	↵	↵	↵	
	↵	↵	↵	

→ マウスポインターの形が ↔ に変わります。

2 Shift キーを押しながら右方向にドラッグします。

─ド↵	商品名↵	数量↵	価格↵	
	↵	↵	↵	
	↵	↵	↵	
	↵	↵	↵	
	↵	↵	↵	
		円↵	↵	印↵

⇧Shift

💬 対象の列より右側のすべての列が、そのままの列幅で右へスライドしていきます。
ここでは表の右端が、下の表の右端と揃うように列幅を変更します

→ 隣の列幅を変えずに列を広げることができました。

─ド↵	商品名↵	数量↵	価格↵	
	↵	↵	↵	
	↵	↵	↵	
	↵	↵	↵	
	↵	↵	↵	
	↵	↵	↵	
		円↵	↵	印↵

3
複雑な表を作成する

OnePoint **Ctrl キーを押しながら列幅を調整した場合**

Ctrl キーを押しながらドラッグして列幅を調整すると、対象の列より右側にあるすべての列の列幅が同じ比率で変わります。ただし、表全体の幅は変わりません。

No.	商品コード	商品名	数量	価格
1				
2				
3				
4				
5				

No.	商品コード	商品名	数量	価格
1				
2				
3				
4				
5				

⊙ One Point　列の幅や行の高さを均等に揃えるには

3-1 複雑な形状の表を作成する

列の幅や行の高さを均等に揃えるには、対象の列や行を範囲選択して、[表ツール]の[レイアウト]タブの[幅を揃える]ボタンまたは[高さを揃える]ボタンを使用します。表全体の幅や高さは変わりません。

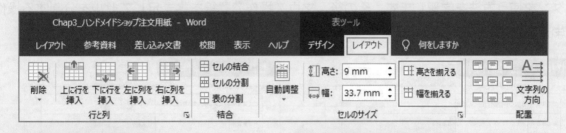

表の列幅を揃えた例

表の行の高さを揃えた例

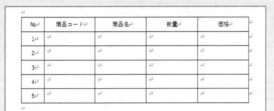

3

複雑な表を作成する

LESSON 4 | 表のセルを結合、分割する

表のセルは必要に応じて結合、分割を行うことができます。表のセルを結合、分割すると、より複雑なレイアウトを実現できます。ここでは、まず［セルの結合］ボタンと［セルの分割］ボタンを使う方法を学習します。その後、マウス操作で罫線を書き足してセルを分割する操作も学習します。

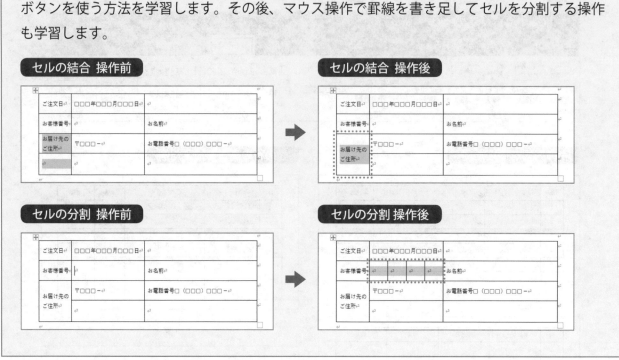

STEP 選択した 2 つのセルを 1 つに結合する

1 下図のように 2 つのセルを範囲選択します。

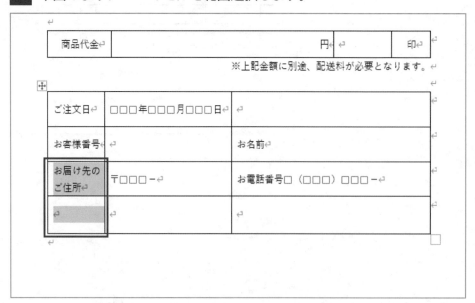

2 ［表ツール］の［レイアウト］タブの［セルの結合］ボタンをクリックします。

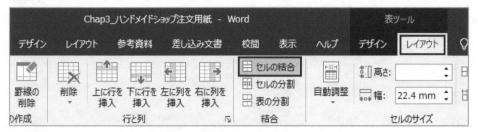

→ 選択した 2 つのセルを 1 つに結合できました。

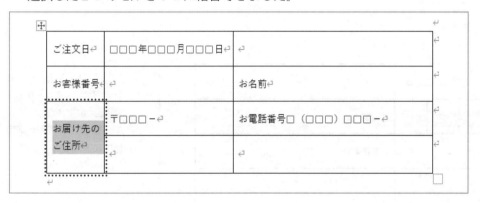

STEP ▶ セルを 4 つに分割する

1 下図のセルにカーソルを移動します。

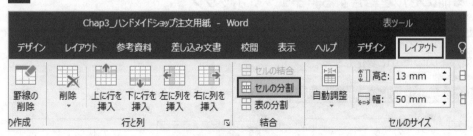

2 ［表ツール］の［レイアウト］タブの［セルの分割］ボタンをクリックします。

→ ［セルの分割］ダイアログボックスが表示されます。

3 [列数] ボックスに「4」と入力して、[OK] をクリックします。

セルの分割　　？　　✕

列数(C): 4

行数(R): 1

☐ 分割する前にセルを結合する(M)

[OK]　[キャンセル]

→ セルを 4 つに分割できました。

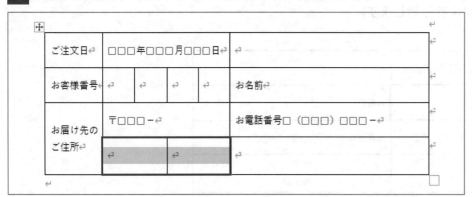

💬 このように分割するセルの幅は変わらずに、[列数] ボックスに入力した数で均等な幅のセルに分割されます。

4 同様の方法で、下図のようにセルを 2 つに分割します。

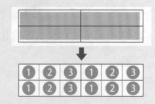

ⓢ One Point　[分割する前にセルを結合する] チェックボックス

[セルの分割] ダイアログボックスの [分割する前にセルを結合する] チェックボックスのオン／オフによって、分割の結果が下図のように変化します。

▸ 複数のセルを選択した状態で"3列×1行"に分割する例

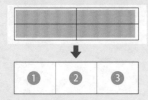

オンの状態では、選択している複数のセルがまず1つのセルに結合され、その後"3列×1行"に分割されます。

オフの状態では、選択しているそれぞれのセルが"3列×1行"に分割されます。

STEP ▶ 1 つのセルの幅だけを調整する

1 下図のセルに「都道（改行）府県」と入力します。

お届け先の ご住所↩	〒□□□－↩		お電話番号□（□□□
	↩	都□道↩ 府□県↩	↩
↩			

=]
"都" と "道"、"府" と "県" の間には全角の空白文字を入力しています。

2 セル内の左端にマウスポインターを合わせて ⬈ になったらクリックします。

お届け先の ご住所↩	〒□□□－↩		お電話番号□（□□□
	↩	⬈都□道↩ 府□県↩	↩
↩			

=]
この操作で 1 つのセルを選択した状態になります。

3 下図のように列の境界線にマウスポインターを合わせます。

お届け先の ご住所↩	〒□□□－↩		お電話番号□（□□
	↩	都□道↩ 府□県↩ +‖+	
↩			

→ マウスポインターの形が +‖+ に変わります。

4 下図のように左方向にドラッグします。

→ "都道府県" のセルの幅だけを調整できました。

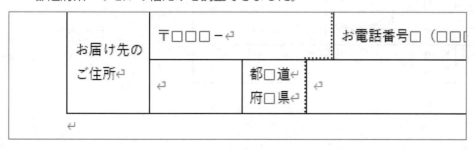

STEP マウス操作で罫線を引いて、文字列を入力したセルを縦に分割する

1 ［表ツール］の［レイアウト］タブの［罫線を引く］ボタンをクリックします。

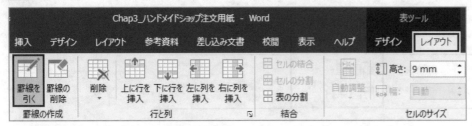

→ 文書内にマウスポインターを移動すると鉛筆の形に変わります。

2 下図のように罫線を引き始める位置にマウスポインターを合わせます。

ご注文日↵	□□□年□□□月□□□日↵			↵		
お客様番号↵	↵	↵	↵	お名前↵		
お届け先の ご住所↵	〒□□□－↵			お電話番号□（□□□）□□□－↵		
	↵	都□道↵ 府□県	↵			

💬 ちょうど鉛筆の先を合わせるようなイメージで操作します。

3 下方向へまっすぐドラッグします。

ご注文日↵	□□□年□□□月□□□日↵			↵		
お客様番号↵	↵	↵	↵	お名前↵		
お届け先の ご住所↵	〒□□□－↵			お電話番号□₀（□□□）□□□－↵		
	↵	都□道↵ 府□県	↵			

💬 ドラッグ中は操作後の線のイメージが点線などで表示されます。

→ マウス操作で罫線を引いて、文字列を入力したセルを縦に分割できました。

ご注文日↵	□□□年□□□月□□□日↵			↵		
お客様番号↵	↵	↵	↵	お名前↵	↵	
お届け先の ご住所↵	〒□□□－↵			お電話番号↵	（□□□）□□□－↵	
	↵	都□道↵ 府□県	↵			

4 再度［表ツール］の［レイアウト］タブの［罫線を引く］ボタンをクリックします。

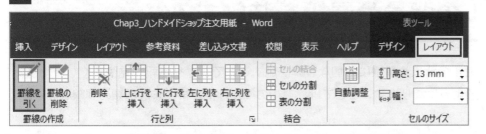

Esc キーを押しても戻
せます。

→ マウスポインターが標準の形に戻り、罫線を引くモードが解除されます。

⊙ One Point　マウス操作で罫線を消すには

鉛筆で線を引くようなイメージで罫線を書き足すことができるように、消しゴムで消すようなイメージ
で罫線を消去することもできます。

［表ツール］の［レイアウト］タブの［罫線の削除］ボタンをクリックすることで、マウスポインター
が消しゴムの形になり、ドラッグした箇所の罫線を削除できます。

ただし、マウス操作を誤って関係のない罫線まで消してしまう恐れもあるため、ミスが心配な場合は［レ
イアウト］タブの［セルの結合］ボタンを使って罫線を消すことをお勧めします。

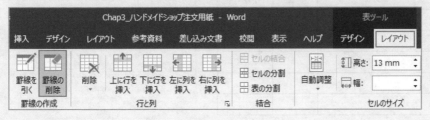

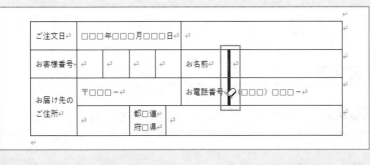

3

複雑な表を作成する

3-2 セルの背景や罫線を装飾する

複雑な形の表の場合、セルの背景や罫線に適切な装飾を施すことで、より情報が見やすくなったり、目立たせることができるようになります。ここでは、セルの網かけやさまざまな種類の罫線を設定する方法を学習します。

LESSON 1 | 表のセルに網かけを設定する

セルの背景には色を付けること（塗りつぶし）ができますが、単に色を付けるだけでなく、模様（パターン）や網目の密度でセルを装飾できる網かけを利用することもできます。網かけの表現はモノクロで文書を印刷するときに非常に役立ちます。

セルの網かけ 設定例

No.	商品コード	商品名	数量	価格
1				
2				
3				
4				
5				

STEP 表のセルに網かけを設定する

1 表の1行目のセルを範囲選択します。

ハンドメイドショップ□オータム

注文用紙

No.	商品コード	商品名	数量	価格
1				
2				
3				
4				
5				

2 ［表ツール］の［デザイン］タブの［飾り枠］グループの 🔳［線種とページ罫線と網かけの設定］をクリックします。

→［線種とページ罫線と網かけの設定］ダイアログボックスが表示されます。

3 ［網かけ］タブをクリックします。

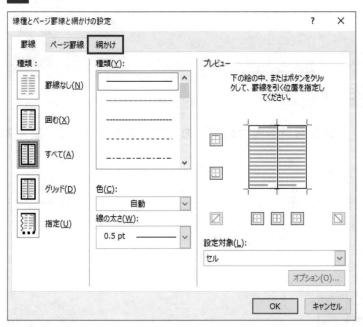

4 ［種類］ボックスの ✓ をクリックします。

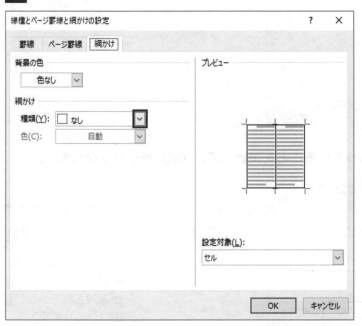

💬
［背景の色］ボックスは、塗りつぶしの色を設定するためのものです。ここでは塗りつぶしの色を設定しないため、"色なし" と表示されていることを確認します。

5 網かけの一覧を下方向へスクロールして、[薄い斜め格子] をクリックします。

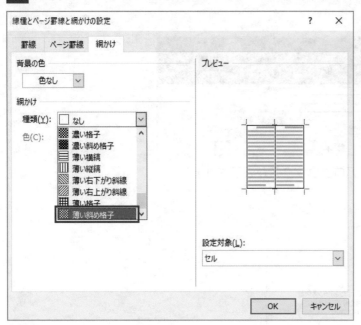

6 [色] ボックスの ⌄ をクリックして、一覧から [テーマの色] の [青、アクセント 1、黒 + 基本色 25%] をクリックします。

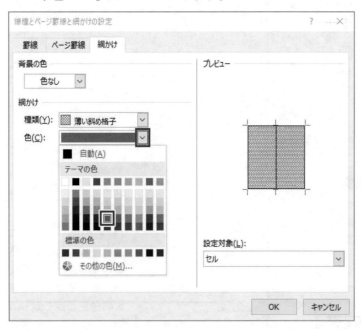

7 [設定対象] ボックスが [セル] になっていることを確認して、[OK] をクリックします。

この時点で、[設定対象] ボックスに " 表 "、" 文字 "、" 段落 " と表示されている場合は、範囲選択の操作でセルが選択されていない可能性があります。

→ 表のセルに網かけを設定できました。

ハンドメイドショップ□オータム

注文用紙

No.↵	商品コード↵	商品名↵	数量↵	価格↵
1↵	↵	↵	↵	↵
2↵	↵	↵	↵	↵
3↵	↵	↵	↵	↵
4↵	↵	↵	↵	↵
5↵	↵	↵	↵	↵

選択を解除すると、網かけの結果がよく分かります。

8 同様の方法で、下図のセルにも同じ種類の網かけを設定します。

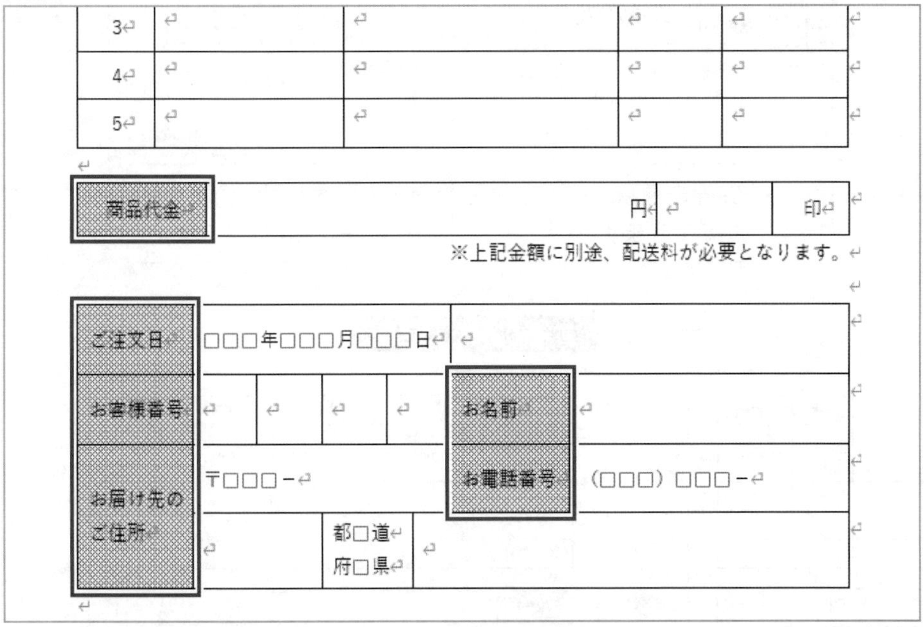

商品代金↵ ……… 円↵　印↵

※上記金額に別途、配送料が必要となります。↵

ご注文日↵ □□□年□□□月□□□日↵

お客様番号↵

お名前↵

お届け先のご住所↵ 〒□□□-

お電話番号↵ （□□□）□□□-

都□道↵
府□県↵

3

複雑な表を作成する

LESSON 2 | 表に複雑な書式の罫線を設定する

罫線の書式は、[線種とページ罫線と網かけの設定] ダイアログボックスを使うと詳細な設定ができます。事前に対象範囲を選択したうえで、ダイアログボックスで設定します。

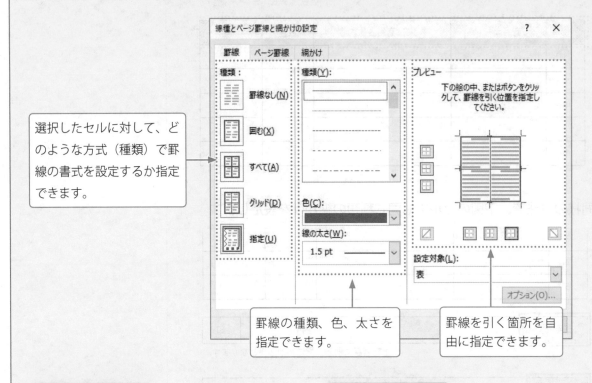

選択したセルに対して、どのような方式（種類）で罫線の書式を設定するか指定できます。

罫線の種類、色、太さを指定できます。

罫線を引く箇所を自由に指定できます。

罫線の書式 設定前

罫線の書式 設定後

STEP 表のすべての罫線の色を変更して、外枠の罫線を太くする

1 表内の任意の位置にマウスポインターを合わせます。

No.	商品コード	商品名	数量	価格
1				
2				
3				
4				

→ 表の左上に表全体を選択できる ⊞ が表示されます。

2 表の ⊞ をクリックします。

No.	商品コード	商品名	数量	価格
1				
2				
3				
4				

→ 表全体が選択されます。

No.	商品コード	商品名	数量	価格
1				
2				
3				
4				
5				

3 ［表ツール］の［デザイン］タブの［飾り枠］グループの ⌐ ［線種とページ罫線と網かけの設定］
をクリックします。

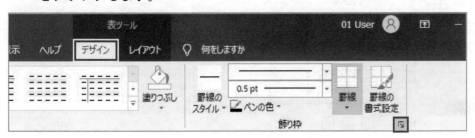

→ ［線種とページ罫線と網かけの設定］ダイアログボックスが表示されます。

4 ダイアログボックス左側の［種類］の［すべて］が選択されていることを確認します。

5 ［色］ボックスの ∨ をクリックします。

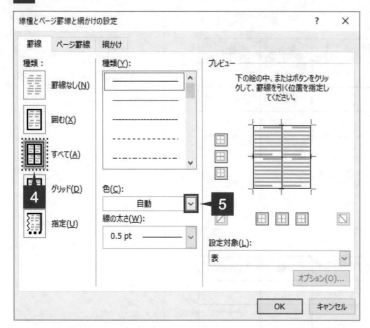

［罫線］タブ以外のタブが表示されていた場合は、［罫線］タブに切り替えてください。

→ 色の一覧が表示されます。

6 一覧から［標準の色］の［青］をクリックします。

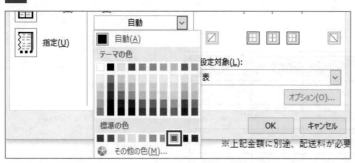

→ ［プレビュー］の罫線がすべて青色に変わります。

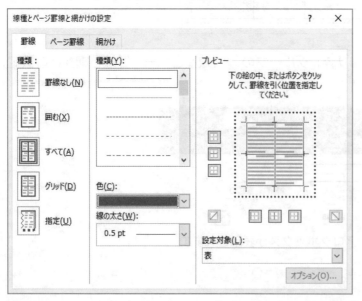

7 ［種類］の［指定］をクリックします。

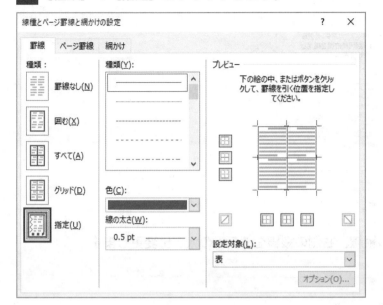

8 ［線の太さ］ボックスの☑をクリックし、一覧から［1.5pt］をクリックします。

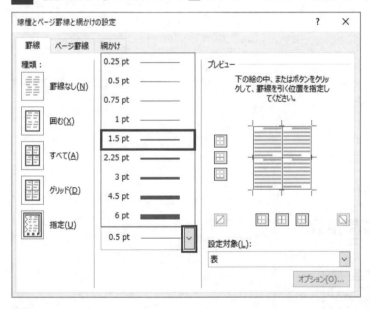

9 ［プレビュー］の［上側の横線］ボタンをクリックします。

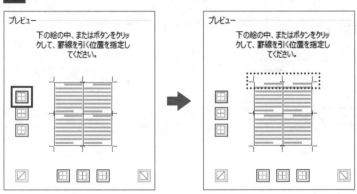

→ 上側に設定されていた標準の太さの罫線がいったん消去されます。

10 再度［上側の横線］ボタンをクリックします。

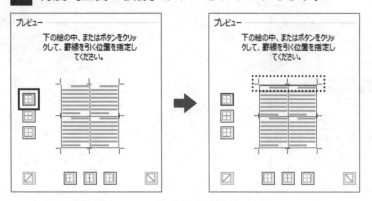

→ 上側の罫線が 1.5pt の太さに設定されます。

11 同様の方法で、下側の横線、左側の縦線、右側の縦線も 1.5pt の太さに変更します。

12 ［OK］をクリックします。

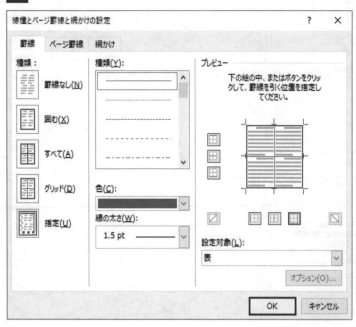

→ 表の罫線すべてを青色に、外枠の罫線を 1.5pt の太さに変更できました。

No	商品コード	商品名	数量	価格
1				
2				
3				
4				
5				

⊙One Point　［プレビュー］のボタンの種類

［線種とページ罫線と網かけの設定］ダイアログボックス右側の［プレビュー］に並んでいる 8 つのボタンは、クリックすることで該当する罫線の書式を変更できます。

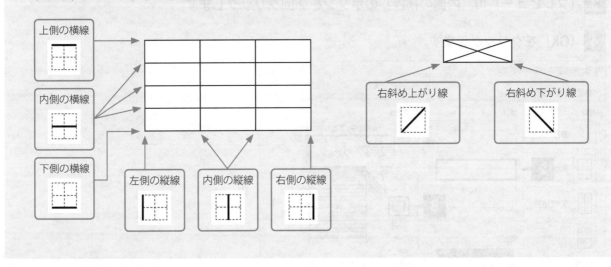

⊙One Point　罫線の設定方式（種類）について

［線種とページ罫線と網かけの設定］ダイアログボックス左側に表示されている 5 つの罫線の種類の違いは以下のとおりです。

・罫線なし　……　罫線を消去します。
・囲む　…………　外枠の罫線のみの書式が設定できます。内側の罫線は消えます。
・すべて　………　すべての罫線の書式が設定できます。
・グリッド　……　外枠には指定した書式の罫線を、内側には標準の格子線をそれぞれ設定できます。
・指定　…………　［プレビュー］を使って、書式を設定する箇所を任意に指定できます。

STEP ▶ 表の内側の横罫線を点線に変更する

1 表の2行目から6行目までを範囲選択します。

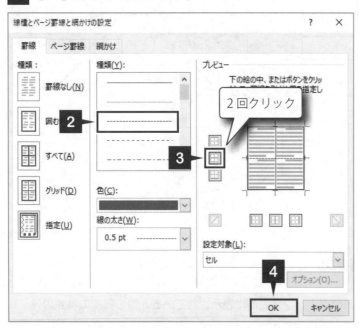

💬 ここでは、選択した範囲の内側を、設定対象とします。

2 ［線種とページ罫線と網かけの設定］ダイアログボックスを表示して、罫線の［種類］ボックスから点線をクリックします。

3 ［プレビュー］の［内側の横線］のボタンを2回クリックします。

4 ［OK］をクリックします。

→ 表の内側の横罫線を点線に変更できました。

5 P123 ～ P126 と同様の方法で、下図のように罫線の書式を設定します（どちらも同じ書式です）。

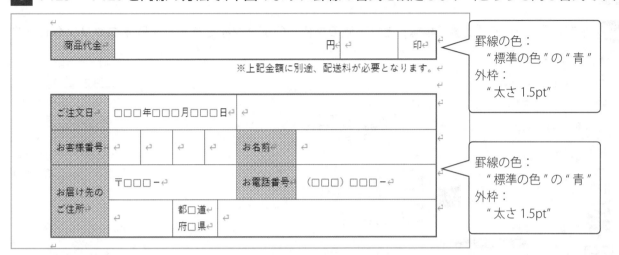

罫線の色：
" 標準の色 " の " 青 "
外枠：
" 太さ 1.5pt"

罫線の色：
" 標準の色 " の " 青 "
外枠：
" 太さ 1.5pt"

STEP セルの上下の罫線を消去して、左右の罫線に書式を設定する

1 下図のセルを選択します。

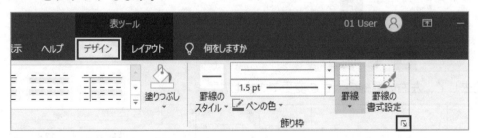

1 つのセルを選択する
には、セル内側の左端
にマウスポインターを
合わせてクリックしま
す（P.115 参照）。

2 ［表ツール］の［デザイン］タブの［飾り枠］グループの▣［線種とページ罫線と網かけの設定］
をクリックします。

→ ［線種とページ罫線と網かけの設定］ダイアログボックスが表示されます。

3 ダイアログボックス左側の［種類］の［指定］をクリックします。

4 ［プレビュー］の［上側の横線］と［下側の横線］のボタンをそれぞれ1回ずつクリックします。

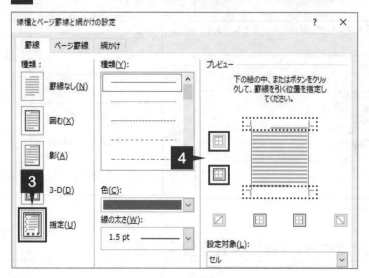

この設定は、選択セルの上と下の罫線を消すためのものです。
［プレビュー］を見ると、上側と下側の罫線が消えていることが分かります。

5 ［プレビュー］の［左側の縦線］と［右側の縦線］のボタンをそれぞれ2回ずつクリックします。

6 ［OK］をクリックします。

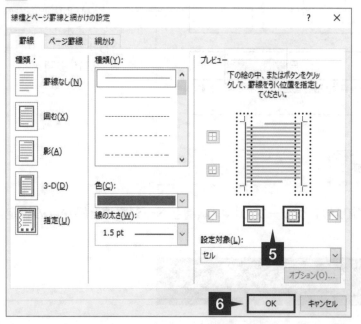

この設定は、選択したセルの左と右の罫線を1.5ptの太さにするためのものです。
［プレビュー］を見ると、左と右の罫線が少し太くなっていることが分かります。

→ セルの上下の罫線を消去して、左右の罫線の太さを変更できました。

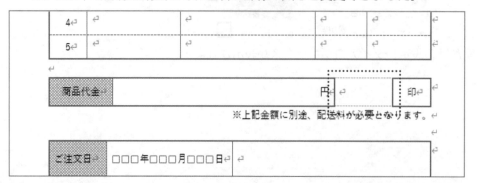

罫線を消去したセルの上と下に点線が表示されていますが、これはセルの境界線を示すグリッド線で、印刷はされません。

7 同様の方法で、下図のセルの上と右の罫線を消去し、左と下の罫線を 1.5pt の太さに設定します。

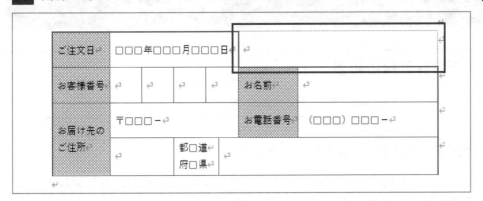

8 確認のために［表ツール］の［レイアウト］タブの［グリッド線の表示］ボタンをクリックします。

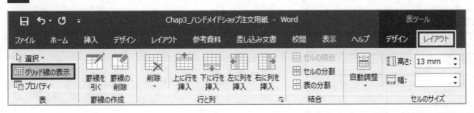

→ セルの境界線を示すグリッド線が非表示になり、消去した罫線の状態を確認しやすくなります。

一番下の表の下部の罫線が細く変化したように見えることがありますが、これは画面上だけのもので、印刷すると設定した 1.5pt の太さで印刷されます。
印刷プレビューでも確認できます。

9 再度［表ツール］の［レイアウト］タブの［グリッド線の表示］ボタンをクリックして、グリッド線を表示します。

10 文書「Chap3_ハンドメイドショップ注文用紙」を上書き保存して閉じます。

学習のまとめ CHAPTER 3 章末練習問題

【章末練習問題 1】新規会員登録依頼書

スクール応用 _Word 2019 ▶ CHAPTER3 ▶ 章末練習問題 ▶ W「Chap3_ 新規会員登録依頼書」

1 文書「Chap3_ 新規会員登録依頼書」を開きましょう。

2 下図を参考に、表の 2 行目と 3 行目の間に空白の行を 2 行挿入して、文字列を入力しましょう。
※英数字、記号はすべて半角で入力します（以降の手順も同様です）。

1↵	辻村↵	↵
2↵	川野市川野町南 542-1↵	↵
↵	昭和 50 年 10 月 5 日↵	↵
↵	000-12XX-56XX↵	↵
3↵	スタンダード A プラン↵	↵
4↵	スタンダード B プラン↵	↵
5↵	営業部□谷村□佐知子↵	印↵
6↵	↵	↵

3 表の左端に空白の列を 1 列挿入しましょう。

4 下図を参考に、挿入した列の列幅を Shift キーを押しながら広げ、文字列を入力しましょう。

会員名↵	1↵	辻村↵	↵
住所↵	2↵	川野市川野町南 542-1↵	↵
生年月日↵	↵	昭和 50 年 10 月 5 日↵	↵
電話番号↵	↵	000-12XX-56XX↵	↵
プラン↵	3↵	スタンダード A プラン↵	↵
↵	4↵	スタンダード B プラン↵	↵
受付担当者↵	5↵	営業部□谷村□佐知子↵	印↵
登録担当者↵	6↵	↵	↵

5 下図を参考に、表の上端に空白の行を 1 行挿入して、文字列を入力しましょう。

申請 ID↵	↵	20201205-01↵	↵
会員名↵	1↵	辻村↵	↵
住所↵	2↵	川野市川野町南 542-1↵	↵
生年月日↵	↵	昭和 50 年 10 月 5 日↵	↵
電話番号↵	↵	000-12XX-56XX↵	↵
プラン↵	3↵	スタンダード A プラン↵	↵
↵	4↵	スタンダード B プラン↵	↵
受付担当者↵	5↵	営業部□谷村□佐知子↵	印↵
登録担当者↵	6↵	↵	↵

6 表の 2 列目と 7 行目を削除しましょう。

7 下図を参考に、表の 2 列目の列幅を Shift キーを押しながら広げましょう。

8 それぞれの行の高さを 10mm に設定しましょう。設定後、下図を参考に、セル内の文字の
位置を設定しましょう。

　※行の高さを数値で指定するには、[表ツール] の [レイアウト] タブの [高さ] ボックスを使用します。

申請 ID	20201205-01	
会員名	辻村	
住所	川野市川野町南 542-1	
生年月日	昭和 50 年 10 月 5 日	
電話番号	000-12XX-56XX	
プラン	スタンダード A プラン	
受付担当者	営業部□谷村□佐知子	印
登録担当者		

9 下図を参考に、表内のセルを結合しましょう。また、結合した 3 列目のセルには「写真」と
入力しましょう。

　※電話番号とプランのセルを結合したときに、文字列が中央に配置されることがあります。その場合は文字の
　　位置を調整してください。

申請 ID	20201205-01	
会員名	辻村	写真
住所	川野市川野町南 542-1	
生年月日	昭和 50 年 10 月 5 日	
電話番号	000-12XX-56XX	
プラン	スタンダード A プラン	
受付担当者	営業部□谷村□佐知子	印
登録担当者		

10 下図を参考に、4つのセルを選択し、セルの幅を少し狭くしましょう（その分「写真」のセル幅が広がります）。

申請 ID	20201205-01	写真
会員名	辻村	
住所	川野市川野町南 542-1	
生年月日	昭和 50 年 10 月 5 日	
電話番号	000-12XX-56XX	

11 「辻村」と入力されたセルを 2 つ（2 列）に分割しましょう。分割してできた右側のセルに「吾郎」と入力しましょう。

申請 ID	20201205-01		写真
会員名	辻村	吾郎	
住所	川野市川野町南 542-1		
生年月日	昭和 50 年 10 月 5 日		

12 下図を参考に、マウス操作で罫線を追加して、「男性」と入力しましょう。入力後、文字の配置を中央に揃えましょう。

申請 ID	20201205-01		写真
会員名	辻村	吾郎	
住所	川野市川野町南 542-1		
生年月日	昭和 50 年 10 月 5 日	男性	

13 表の 1 列目のセルに網かけを以下のように設定しましょう。
- 種類：" 薄い横縞 "
- 色：" テーマの色 " の " オレンジ、アクセント 2　白 + 基本色 60% "

14 表の罫線を以下のように設定しましょう。
- 外枠は、色：" テーマの色 " の " オレンジ、アクセント 2"、太さ："1.5pt"
- それ以外の線は、色：" テーマの色 " の " オレンジ、アクセント 2"、太さ："0.5pt（標準）"

15 「写真」のセルの上側と右側の罫線を消去し、左側と下側の罫線を "1.5pt" の太さに変更しましょう。
- 設定後、グリッド線を非表示にして結果を確認しましょう。結果を確認できたらグリッド線は再度表示しておきます。

16 文書を上書き保存して閉じましょう。

＜完成例＞

2020 年 12 月 5 日

カスタマー事業部
担当者様

OAR ネットサービス
営業部

新規会員登録依頼書

新規会員の登録をお願いいたします。

〜会員情報〜

申請 ID	20201205-01		
会員名	辻村	吾郎	写真
住所	川野市川野町南 542-1		
生年月日	昭和 50 年 10 月 5 日	男性	
電話番号	000-12XX-56XX		
プラン	スタンダード A プラン		
受付担当者	営業部□谷村□佐知子		印
登録担当者			

【章末練習問題2】表の練習

スクール応用_Word 2019 ▶ CHAPTER3 ▶ 章末練習問題 ▶ Ｗ 「Chap3_表の練習」

1 文書「Chap3_表の練習」を開きましょう。

2 文書内の【練習】の表を、【完成見本】のように編集しましょう。

(1) 行や列の挿入

製品番号	製品名	販売価格
001	ボールペン黒	100
002	ボールペン赤	100

➡

製品番号	製品名	仕入価格	販売価格
001	ボールペン黒	65	100
002	ボールペン赤	65	100
003	修正テープ	110	240
004	蛍光ペン	55	90

(2) 行や列の削除

清掃日	担当	洗面	ガラス	床	石鹸	ゴミ
2/28	大井					
2/29	遠藤					
3/1	天野					
3/2	大井					

➡

清掃日	担当	洗面	石鹸	ゴミ
2/28	大井			
3/1	天野			
3/2	大井			

(3) セルの結合

エリア	該当地域	荷物のサイズ				
		65cm	85cm	105cm	125cm	145cm
信越	長野	600	800	1000	1400	1600
	新潟					
北陸	富山	700	900	1100	1500	1800
	石川					
	福井					

➡

エリア	該当地域	荷物のサイズ				
		65cm	85cm	105cm	125cm	145cm
信越	長野	600	800	1000	1400	1600
	新潟					
北陸	富山	700	900	1100	1500	1800
	石川					
	福井					

(4) セルの分割

生徒名	評価	平均	英	国	理	社
会田			92	89	75	82
宇野			86	74	67	61
佐川			67	62	94	58
松本			58	58	76	85

➡

生徒名	評価	平均	英	数	国	理	社
会田	A	84.4	92	84	89	75	82
宇野	C	69.6	86	60	74	67	61
佐川	B	74.4	67	91	62	94	58
松本	C	69.2	58	69	58	76	85

(5) Shift キーを組み合わせた列幅の調整

番号	メーカー	商品名	単価	単位	在庫	備考
1						
2						
3						

➡

番号	商品名	単価	単位	在庫	備考
1					
2					
3					

(6) 網かけ

エリア	該当地域	荷物のサイズ				
		65cm	85cm	105cm	125cm	145cm
信越	長野	600	800	1000	1400	×
	新潟					
北陸	富山	700	900	1100	1500	×
	石川					
	福井					

➡

エリア	該当地域	荷物のサイズ				
		65cm	85cm	105cm	125cm	145cm
信越	長野	600	800	1000	1400	×
	新潟					
北陸	富山	700	900	1100	1500	×
	石川					
	福井					

(7) 罫線

製品番号	製品名	仕入価格	販売価格
001	ボールペン黒	65	100
002	ボールペン赤	65	100
003	修正テープ	110	240
004	蛍光ペン	55	90

➡

製品番号	製品名	仕入価格	販売価格
001	ボールペン黒	65	100
002	ボールペン赤	65	100
003	修正テープ	110	240
004	蛍光ペン	55	90

(8) セルの一部の罫線の消去

名前	山本 加奈	名前	坂井 洋介
社員番号	123-14	社員番号	789-21
所属部	営業部	所属部	人材事業部
所属課	第2課	所属課	教育課

➡

名前	山本 加奈	名前	坂井 洋介
社員番号	123-14	社員番号	789-21
所属部	営業部	所属部	人材事業部
所属課	第2課	所属課	教育課

3 文書を上書き保存して閉じましょう。

タブを利用して
文書を整える

ここでは、複数行の文字列を綺麗に整列させつつ間隔を設定した
いときに使用するタブ機能を学習します。タブで設定した間隔は
後で簡単な操作で間隔を調整することもできます。
タブを使うことで整った文書を効率よく作ることができます。

4-1 タブで文字列の位置を揃える

キーボードの左側に Tab というキーがあります。Word では、文書内にカーソルがある状態で Tab キーを押すと数文字分の空白（間隔）が挿入され、その位置にタブの編集記号が表示されます。タブは使いこなすと文字の間隔を思ったとおりに調整できる便利な機能です。

LESSON 1 | タブの基礎知識

タブは、文字と文字の間に間隔を設定し、後ろの文字列の位置を揃えたいときに使用する機能です。同様の操作はスペースキーを使っても行えますが、文字列の追加や削除の度に再調整が必要になり面倒です。特に複数行の文字の位置を揃えたい場合は、タブを使うと文字列の追加や削除にも簡単に対応できます。

タブと全角文字の空白による位置揃えの違い

全角文字の空白による位置揃え	タブによる位置揃え
じゃがいも □□□□ 3個	じゃがいも →　 3個
にんじん □□□□ 1本	にんじん →　 1本

揃える位置を指定

1つずつ透明のブロック（□）を入力するイメージになります。

伸縮自在な透明のバーを、どこまで伸ばすか指定するイメージになります。

タブは通常の文字入力と同様に、入力したい位置にカーソルを移動して、**Tab キー**を押して入力します。タブを入力した箇所には**矢印の編集記号（→）**が表示されます。

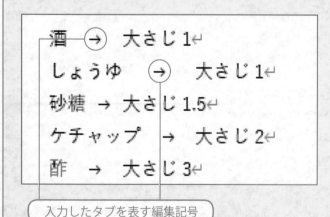

酒　→　大さじ 1↵
しょうゆ　→　大さじ 1↵
砂糖　→　大さじ 1.5↵
ケチャップ　→　大さじ 2↵
酢　→　大さじ 3↵

入力したタブを表す編集記号

LESSON **2** | タブを入力してタブマーカーで位置を揃える

タブを入力した時点では文字列の位置が揃わないことがあります。これは文字列を揃える初期設定の位置が標準のタブ位置を基準にしているからです。

標準のタブ位置は、4字、8字、12字…のように、4文字ごとに設定されているので、各行の文字列の位置がたまたま揃うこともあれば揃わないこともあります

タブの入力と標準のタブ位置

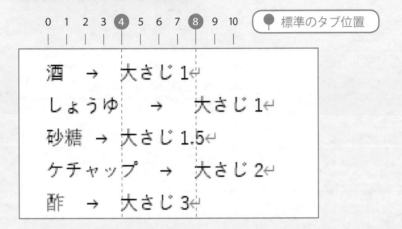

標準のタブ位置だけでは自由な位置に文字列を揃えることができないため、タブマーカーを合わせて設定し、文字列を揃える位置を指定します。タブマーカーを設定するにはルーラーの数字を目安にしてクリックします。

ルーラーとタブマーカー

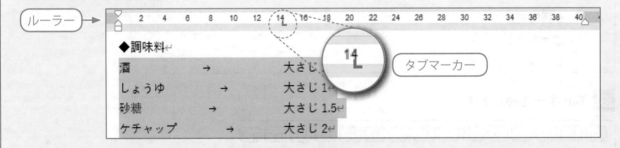

タブマーカーの設定のポイントは次のようになります。

・タブマーカーは、対象となる行を範囲選択して設定する。

・1つのタブと1つのタブマーカーはセットで扱われる。

・タブマーカーを設定すると、その位置までの標準のタブ位置は無効になる。

4

タブを利用して文書を整える

STEP タブを含めて文字列を入力する

1 実習用データの文書「Chap4_ レシピ集」を開きます。

▼📁 スクール応用 _Word 2019 ▶ ▼📁 CHAPTER4 ▶ Ⓦ「Chap4_ レシピ集」

実習用データはインターネットからダウンロードできます。詳細は本書の P.（4）に記載されています。

2 7 行目に「玉葱」と入力します。

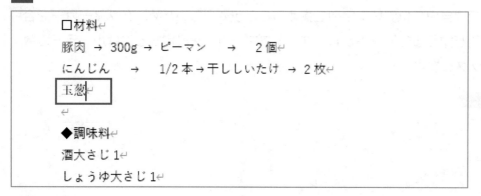

3 Tab キーを押します。

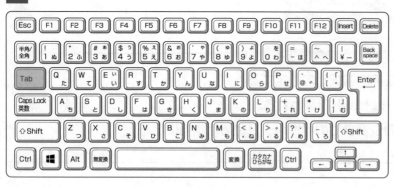

→ カーソルの位置にタブの編集記号（ → ）が表示され、次の標準のタブ位置まで間隔が空きます。

```
□材料↵
豚肉 → 300g → ピーマン　　　→　　2個↵
にんじん　　→　　1/2本→干ししいたけ → 2枚↵
玉葱 → ↵
↵
◆調味料↵
酒大さじ1↵
しょうゆ大さじ1↵
```

💬 タブの編集記号が表示されない場合は、［ホーム］タブの 🖋 ［編集記号の表示/非表示］ボタンをクリックします。

4 同様の方法で、下図のようにタブを含めて文字列を入力します（数字は半角で入力）。

```
□材料↵
豚肉 → 300g → ピーマン　　　→　　2個↵
にんじん　　→　　1/2本→干ししいたけ → 2枚↵
玉葱 → 2個 → 片栗粉→適量↵
↵
◆調味料↵
酒大さじ1↵
しょうゆ大さじ1↵
```

💬 この時点では文字の位置が揃っていませんが、後で調整するので問題ありません。

→ タブを含めて文字列を入力できました。

STEP 入力済みの文字列の間にタブを入力する

1 10行目の文字列"酒"と"大さじ1"の間にカーソルを移動します。

```
◆調味料↵
酒大さじ1↵
しょうゆ大さじ1↵
砂糖大さじ1.5↵
ケチャップ大さじ2↵
酢大さじ3↵
```

💬 ここでは入力済みの文字列の間にタブを入力していきます。

2 Tab キーを押します。

```
◆調味料↵
酒 → 大さじ1↵
しょうゆ大さじ1↵
砂糖大さじ1.5↵
ケチャップ大さじ2↵
酢大さじ3↵
```

→ カーソルの位置にタブの編集記号が表示され、次の標準のタブ位置まで間隔が空きます。

タブを利用して文書を整える

4

3 同様の方法で、下図のようにタブを入力します。

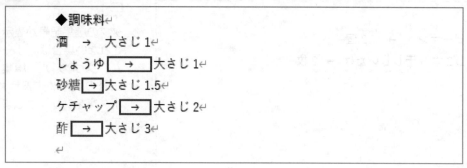

この時点では文字の位置が揃っていませんが、後で調整するので問題ありません。

→ 入力済みの文字列の間にタブを入力できました。

STEP 文字列を揃えたい位置にタブマーカーを設定する

1 ［表示］タブの［ルーラー］チェックボックスをクリックしてオンにします。

ルーラーがすでに表示されている場合は、この操作は必要ありません。

→ リボンの下に"ルーラー"が表示されました。

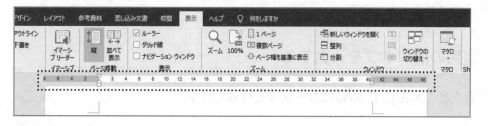

2 10 行目から 14 行目を範囲選択します。

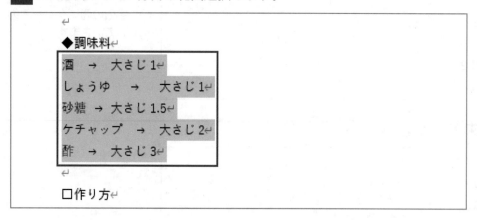

3 ルーラーの左側に表示されているタブの種類が " 左揃えタブ " であることを確認します。

4 ルーラーの約 14 字の位置でクリックします。

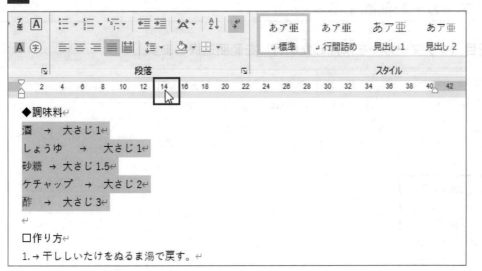

マウスポインターの白い矢印の先端を数字に合わせるようにします。

→ 約 14 字の位置にタブマーカーを設定できました。

ルーラーには、タブ位置が設定されていることを示すタブマーカー（**L**）が表示されます。なお、別の段落にカーソルがあると、その段落に設定されているタブマーカーが表示されるため、勘違いしないように気を付けてください。

LESSON **3** | タブマーカーを削除する

ルーラー上のタブマーカーを削除すると、文字列は標準のタブ位置に戻ります。
タブマーカーを削除するには、対象の範囲を選択してタブマーカーをルーラー以外の場所へドラッグします。
削除の際に対象の範囲を正しく選択していないと、たまたま選択していた範囲やカーソルのある段落のタブマーカーを間違って削除してしまうことがあるので注意が必要です。

STEP 設定したタブマーカーを削除する

1 10 行目から 14 行目（タブマーカーを解除したい行）を範囲選択します。

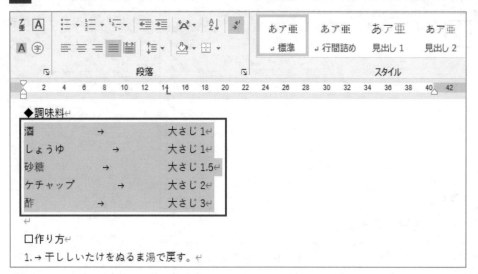

2 ルーラーの約 14 字の位置にあるタブマーカーにマウスポインターを合わせます。

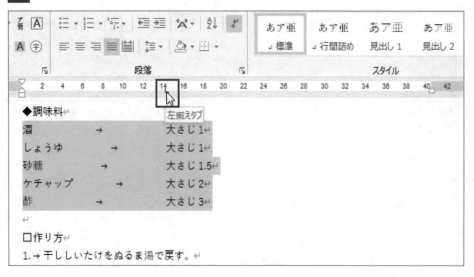

正しくマウスポインターが重なると、"左揃えタブ"と表記されたポップヒントが表示されます。

3 タブマーカーをルーラー以外の場所にドラッグします。

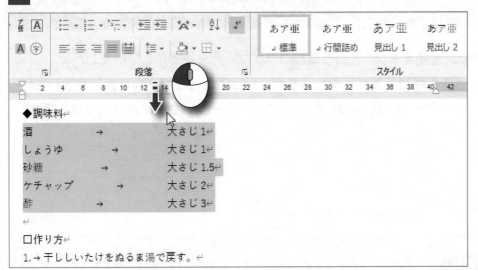

ルーラー以外の場所で
あればどの位置へド
ラッグしてもかまいま
せん。

→ 設定されていたタブマーカーを削除できました。

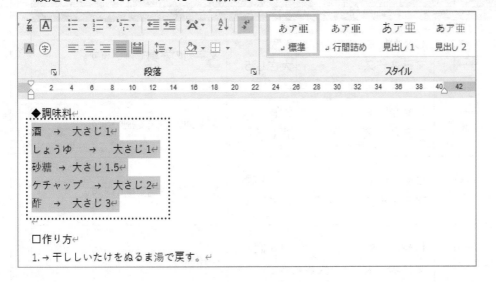

タブの右側の文字列
は、標準のタブ位置に
戻ります。

LESSON **4** さまざまな種類のタブマーカーを設定する

ここまでの LESSON では " 左揃えタブ " という種類のタブマーカーを使用していました。タブマーカーにはさまざまな種類があり、それらを使い分けることで好きな位置で文字列を揃えることができます。タブマーカーの種類を変えるには、ルーラー左端にある［タブの種類］を使用します。

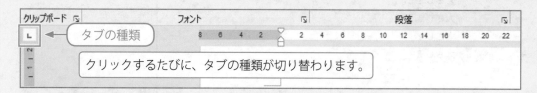

クリックするたびに、タブの種類が切り替わります。

タブ（タブマーカー）の種類

種類	マーカー	使用例	効果
左揃えタブ	∟	じゃがいも　　　→　　3 個 マヨネーズ　　　→　　大さじ 5	文字列の左端で揃います。
中央揃えタブ	⊥	じゃがいも　　　→　　3 個 マヨネーズ　　　→　　大さじ 5	文字列の中央で揃います。
右揃えタブ	⌐	じゃがいも　　　→　　　3 個 マヨネーズ　　　→　　大さじ 5	文字列の右端で揃います。
小数点揃えタブ	⊥·	じゃがいも　　　→　　3.5 個 マヨネーズ　→　大さじ 5.5	小数点の位置で揃います。
縦棒タブ	▮	じゃがいも　　　｜3 個 マヨネーズ　　　｜1 本	文字列を揃える効果はなく、任意の位置に縦線が引かれます。タブの入力も必要なく、その他のタブと比べると特殊なものです。

また、同じ行内に複数のタブマーカーを設定することもできます。下図のように、同じ行内に複数のタブが入力されている場合は、タブマーカーもそれと同じ数だけ設定することが一般的です。

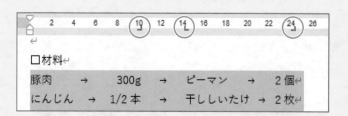

左図では、種類の異なるタブマーカーを 3 つ設定しています。

STEP "右揃え"タブマーカーを設定する

1 10 行目から 14 行目を範囲選択します。

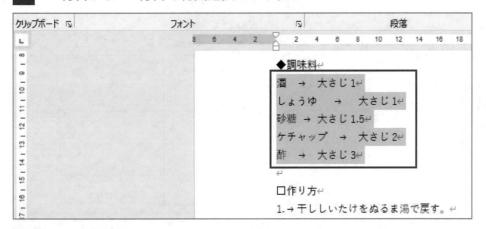

2 ［タブの種類］をクリックします。

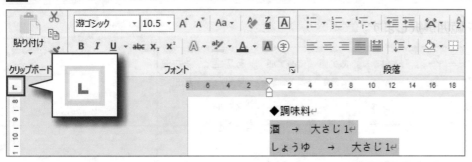

→［タブの種類］の表示が "中央揃えタブ" に切り替わります。

3 再度［タブの種類］をクリックします。

→［タブの種類］の表示が "右揃えタブ" に切り替わります。

4 ルーラーの約 14 字の位置にマウスポインターを合わせてクリックします。

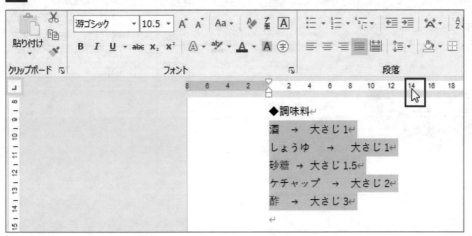

→ "右揃え" タブマーカーを設定できました。

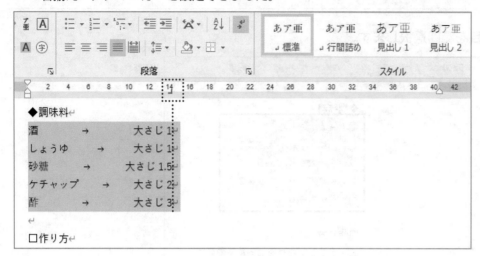

STEP **複数のタブマーカーを設定する**

1 5 行目から 7 行目を範囲選択します。

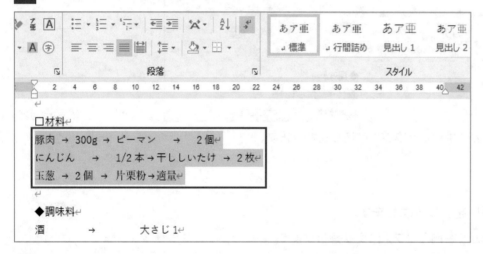

2 同様の方法で、ルーラーの約 10 字の位置に "右揃え" タブマーカーを設定します。

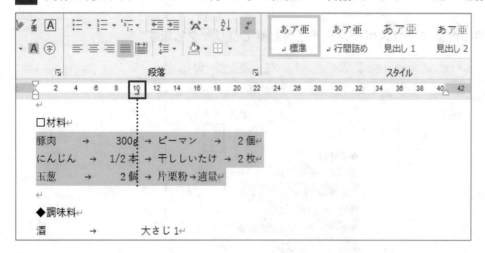

タブの種類が "右揃えタブ" になっていない場合は、"右揃えタブ" に切り替えてください。

3 "左揃えタブ"になるまで、[タブの種類]をクリックします。

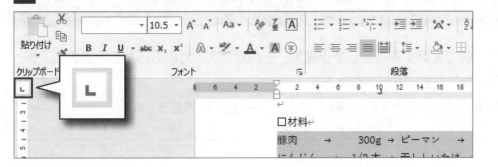

種類の中に含まれる
▽ と △ は、タブの
設定ではなく、インデ
ントの設定です。

4 同様の方法で、ルーラーの約14字の位置に"左揃え"タブマーカーを設定します。

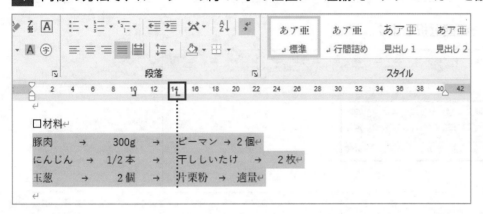

5 同様の方法で、ルーラーの約24字の位置に"右揃え"タブマーカーを設定します。

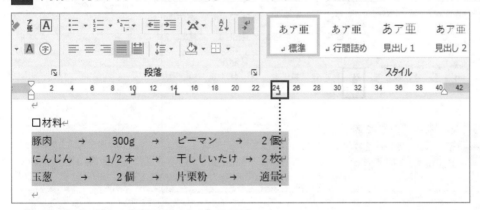

→ 複数のタブマーカーを設定できました。

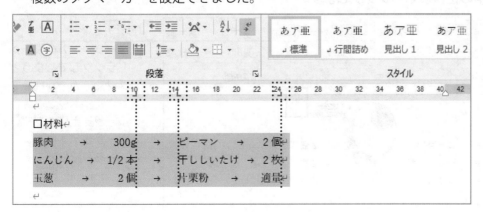

LESSON 5 | タブ位置を変更する

設定したタブ位置は、後で変更することができます。その場合は、対象の行を範囲選択し、タブマーカーをルーラー内で左右にドラッグします。

タブを使わず空白文字で間隔を設けていた場合、このような変更はできません。

STEP 設定したタブ位置を変更する

1 5行目から7行目を範囲選択します。

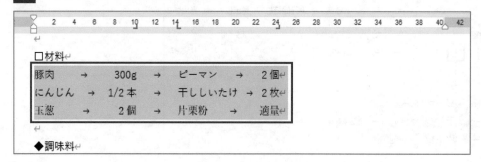

2 ルーラーの約24字の位置にあるタブマーカーにマウスポインターを合わせます。

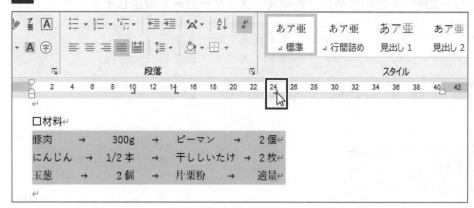

3 ルーラーの約30字の位置までドラッグします。

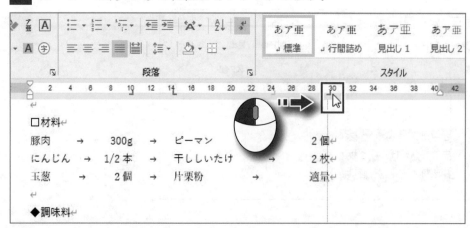

ルーラー以外の場所へドラッグしてしまうとタブマーカーが削除されます。ドラッグ中はルーラー上にタブマーカーが表示されていることを確認します。

4 同様の方法で、ルーラーの約 14 字の位置のタブマーカーを約 18 字までドラッグします。

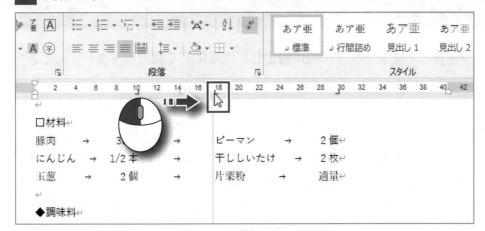

5 同様の方法で、ルーラーの約 10 字の位置のタブマーカーを約 13 字までドラッグします。

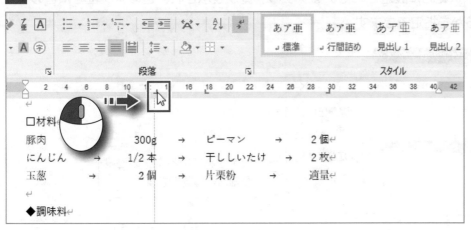

→ 設定したタブ位置を変更できました。

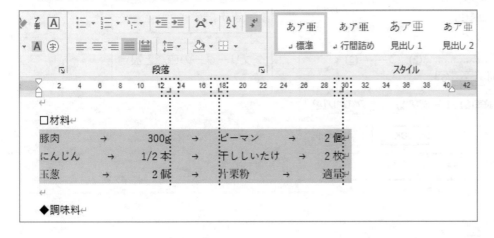

LESSON 6 | タブリーダーを設定する

タブリーダーとは、タブを使って文字と文字の間に設定した間隔に引く線（リーダー）のことです。特に、文字と文字の間隔が広く空いているときに役立ちます。

タブリーダーの例

じゃがいも …………… 3個	じゃがいも _____3個	じゃがいも --------- 3個
にんじん …………… 1本	にんじん _____1本	にんじん ---------- 1本

タブリーダーを設定するには［タブとリーダー］ダイアログボックスを使用します。このダイアログボックスには、選択範囲に設定されているタブの一覧が表示され、どのタブ位置にどのタブリーダーを設定するかを指定できます。

［タブとリーダー］ダイアログボックス

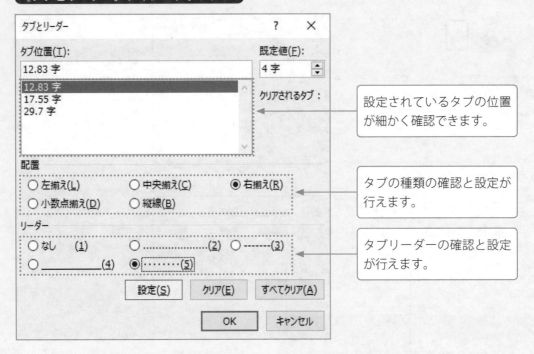

設定されているタブの位置が細かく確認できます。

タブの種類の確認と設定が行えます。

タブリーダーの確認と設定が行えます。

STEP　1つ目と3つ目のタブにタブリーダーを設定する

1　5行目から7行目を範囲選択します。

2　[ホーム]タブの[段落]グループの　[段落の設定]をクリックします。

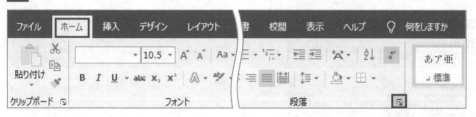

→[段落]ダイアログボックスの[インデントと行間隔]タブが表示されます。

3　[タブ設定]をクリックします。

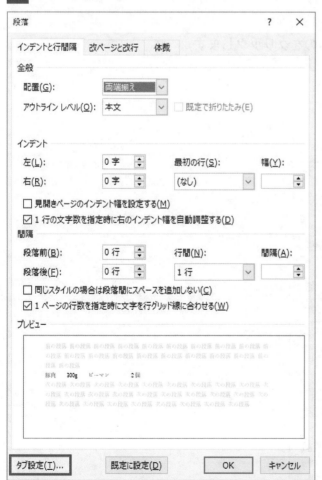

→[タブとリーダー]ダイアログボックスが表示されます。

4 ［タブ位置］ボックスの一覧から1つ目のものをクリックします。

5 ［リーダー］の ⋯⋯⋯⋯(5) をクリックします。

6 ［設定］をクリックします。

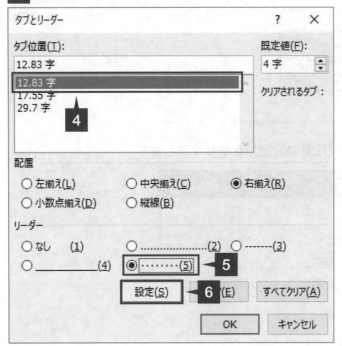

> 📝
> ［タブ位置］ボックス
> の一覧に表示される数
> 値は、左図と多少異
> なっていても問題あり
> ません。

> 📝
> 各タブ位置の設定を変
> 更するごとに［設定］
> をクリックする必要が
> あります。

7 ［タブ位置］ボックスの一覧から3つ目のものをクリックします。

8 ［リーダー］の ⋯⋯⋯⋯(5) をクリックします。

9 ［設定］をクリックします。

10 ［OK］をクリックします。

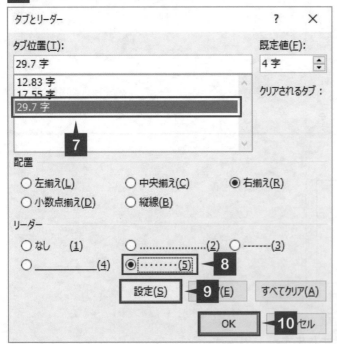

→ 1つ目と 3 つ目のタブにタブリーダーを設定できました。

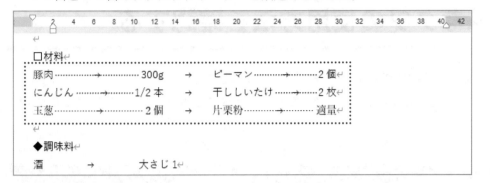

タブリーダーは、設定されているフォントによって、ダイアログボックス上の見本と多少異なる印象になることがあります。

OnePoint　**その他の方法で［タブとリーダー］ダイアログボックスを表示するには**

［タブとリーダー］ダイアログボックスは、ルーラーに設定したタブマーカーをダブルクリックする方法でも表示できます。ただし、ダブルクリックできる領域が小さいため、マウスポインターを合わせる操作を慎重に行う必要があります。少しでも位置がずれると、新しくタブマーカーを追加する操作になってしまいます。

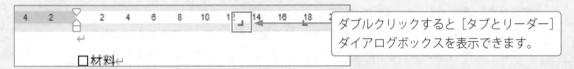

ダブルクリックすると［タブとリーダー］ダイアログボックスを表示できます。

OnePoint　**タブリーダーを削除するには**

タブリーダーを削除するには、対象の範囲を選択して、［タブとリーダー］ダイアログボックスの［タブ位置］ボックスの一覧から対象のタブ位置をクリックして、［リーダー］の［なし (1)］をクリックして［設定］をクリックします。すべての設定が終わったら［OK］をクリックします。

OnePoint　**タブに関する設定をすべて削除するには**

任意に設定したタブ位置（タブマーカー）やタブリーダーの設定をすべて削除するには、対象の範囲を選択して、［タブとリーダー］ダイアログボックスの［すべてクリア］をクリックします。

タブを利用して文書を整える

4

4-2 特殊なタブの使用方法を確認する

主なタブの使用方法は「4-1 タブで文字列の位置を揃える」で学習したとおりですが、それらとは少し異なる特殊な使い方をする場面もあります。ここでは箇条書きとタブの利用方法、タブを表に変換する方法を学習します。

LESSON 1 | 箇条書きのタブの間隔を調整する

Word の箇条書き機能を利用すると、数字やマーカーの後ろに自動的にタブが入力されます。このタブによって箇条書き先頭の数字と、その後に続く文字列の間隔が設定されています。

> 1.→干ししいたけをぬるま湯で戻す。↵
> 2.→豚肉（小間切れ）に酒大さじ 1、塩、コショウで下味をつける。↵
> 3.→にんじんは乱切りにして、レンジで 1 分半〜2 分程度加熱する。↵
> 4.→玉葱はくし切り、ピーマンは乱切り、干ししいたけは角切りにする。↵
> 5.→下味をつけた豚肉を一口大に丸めて形を作り、片栗粉をまぶして、多めの油をひいたフ
>   ライパンで焼く。表面に焼き色がついたら蓋をして、しっかりと中に火が通るまで焼く。↵

タブの位置はタブマーカーを使って調整しますが、同じくルーラーにあるインデントマーカーでもタブの位置を調整することができます。特に箇条書きの場合は、インデントマーカーを使用して調整することが多くなります。

インデントマーカーには 3 つの種類があります。箇条書きの段落に対して使用した場合、それぞれ 1 行目のインデント（▽）は先頭の数字や記号の位置を、ぶら下げインデント（△）はその後ろに続く文字列の位置を、左インデント（□）は数字や記号と文字列の位置を一緒に調整することができます。

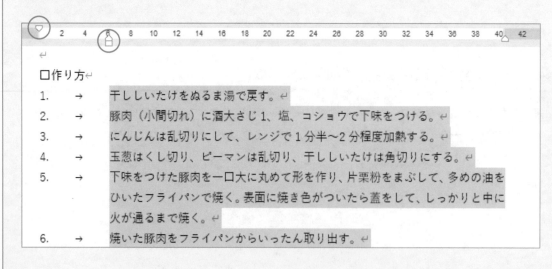

STEP ▶ **箇条書きの先頭の数字と文字列の間隔を調整する**

1 17 行目から 26 行目を範囲選択します。

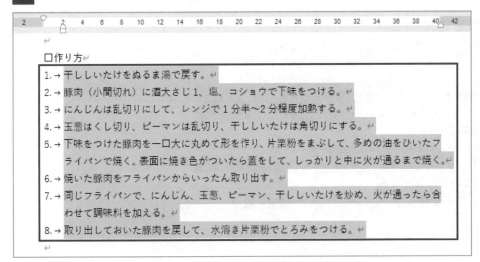

箇条書きの先頭の数字は選択（灰色ではない）されませんが、問題ありません。

2 ルーラーのぶら下げインデントマーカーにマウスポインターを合わせます。

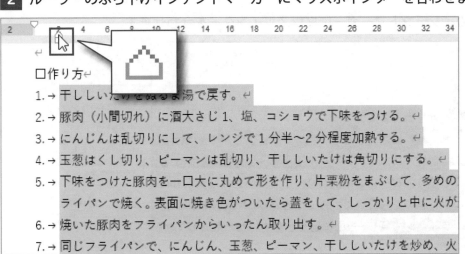

正確にマウスポインターを合わせると "ぶら下げインデント" というポップヒントが表示されます。

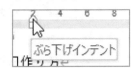

3 約 6 文字の位置まで右方向にドラッグします。

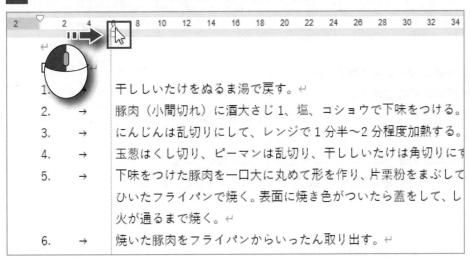

→ 箇条書きの数字と文字列の間隔を調整することができました。

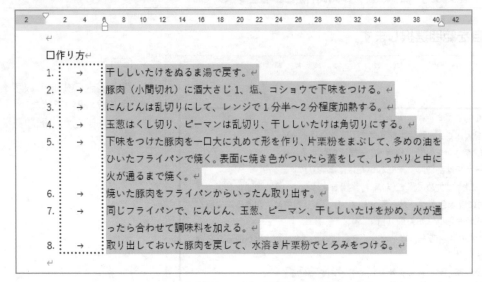

STEP 箇条書きの先頭の数字の位置を移動する

1 ルーラーの1行目のインデントマーカーにマウスポインターを合わせます。

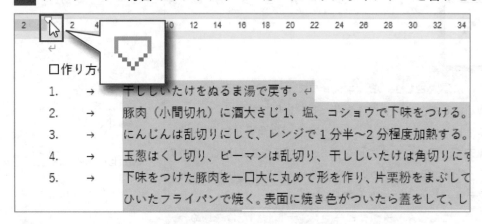

正確にマウスポインターを合わせると "1 行目のインデント" というポップヒントが表示されます。

2 約2文字の位置まで右方向にドラッグします。

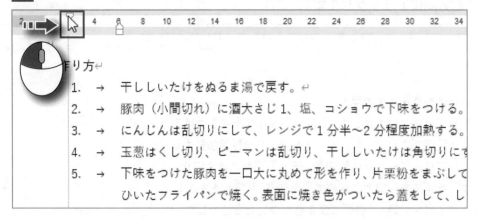

→ 箇条書きの先頭の数字の位置を移動することができました。

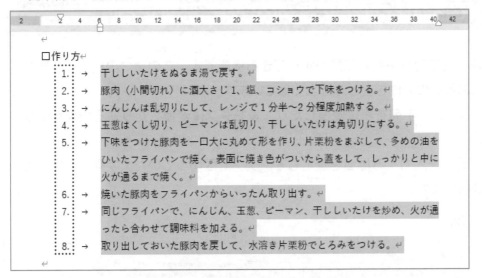

4

One Point　先頭の数字と文字列を一緒に移動するには（左インデントマーカー）

ここでは先頭の数字とその後ろに続く文字列の位置を別々に移動しましたが、一緒に移動する場合は対象の段落を選択して、ルーラーの左インデントマーカー（□）をドラッグします。

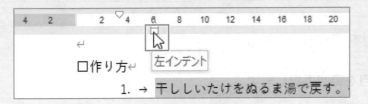

One Point　インデントマーカーとタブマーカーを組み合わせて使用した場合

箇条書きの段落にインデントマーカーとタブマーカーを組み合わせて使用すると、1行目のインデントマーカーが数字や記号の位置、タブマーカーが文字列の先頭位置、ぶら下げインデントマーカーが段落の2行目以降の先頭位置を調整する役割となります。

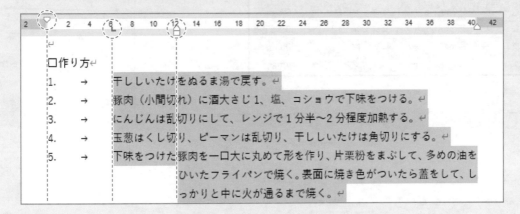

LESSON 2 | タブで区切られた文字列を表に変換する

タブと同じように、表も文字列を整列して見やすくできる機能です。この2つの機能は罫線があるかないかの違いはあるものの働きとしてはよく似ています。

Wordではタブで区切られた文字列を表に変換したり、表をタブに変換したりする機能があります。

ここでは、レシピの成分表を入力する場面を想定して、タブで区切っていた文字列を表に変換する操作を例に学習を行います。

タブを表に置き換えた例

 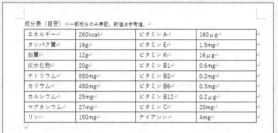

STEP タブで区切られた文字列を表に変換する

1 2ページ目の2行目から10行目を範囲選択します。

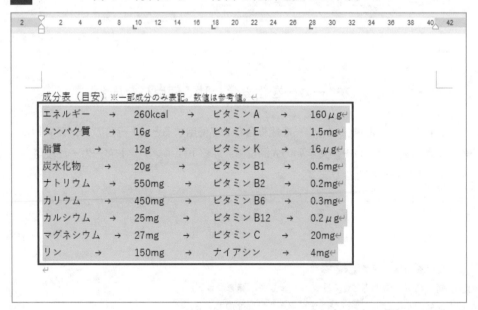

現在、これらの文字列はタブで区切られています。

2 ［挿入］タブの［表］ボタンをクリックします。

3 一覧から［文字列を表にする］をクリックします。

→［文字列を表にする］ダイアログボックスが表示されます。

4 ［列数］ボックスを［4］に設定します。

5 ［列の幅を固定する］をクリックし、隣のボックスが［自動］になっていることを確認します。

6 ［タブ］をクリックし、［OK］をクリックします。

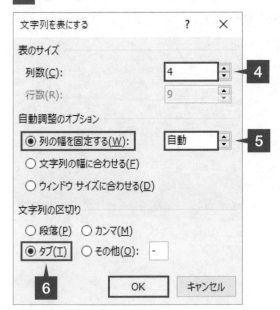

→ タブで区切られた文字列を表に変換できました。

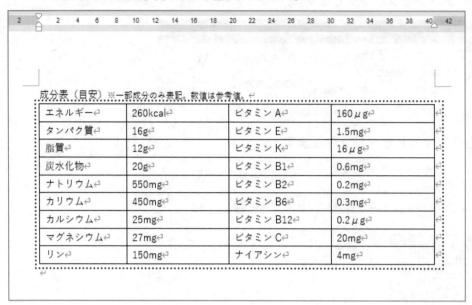

成分表（目安）※一部成分のみ表記。数値は参考値。

エネルギー	260kcal	ビタミンA	160 μ g
タンパク質	16g	ビタミンE	1.5mg
脂質	12g	ビタミンK	16 μ g
炭水化物	20g	ビタミンB1	0.6mg
ナトリウム	550mg	ビタミンB2	0.2mg
カリウム	450mg	ビタミンB6	0.3mg
カルシウム	25mg	ビタミンB12	0.2 μ g
マグネシウム	27mg	ビタミンC	20mg
リン	150mg	ナイアシン	4mg

7 文書「Chap4_ レシピ集」を上書き保存して閉じます。

OnePoint　表をタブに変換するには

前述の操作とは反対に、表をタブに変換することもできます。表をタブに変換するには、表を範囲選択して［表ツール］の［レイアウト］タブの［表の解除］ボタンをクリックします。

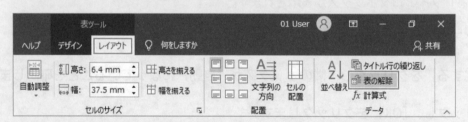

［表の解除］ダイアログボックスが表示されたら、［文字列の区切り］の［タブ］をクリックして、[OK]をクリックします。

学習の まとめ ｜ CHAPTER **4** 章末練習問題

【章末練習問題 1】 タブの練習

📁 スクール応用 _Word 2019 ▶ 📁 CHAPTER4 ▶ 📁 章末練習問題 ▶ ☒「Chap4_ タブの練習」

1️⃣ 文書「Chap4_ タブの練習」を開きましょう。

2️⃣ 文書内の指示に沿って、タブを設定しましょう。

3️⃣ 文書を上書き保存して閉じましょう。

【章末練習問題 2】 春の遠足計画表

📁 スクール応用 _Word 2019 ▶ 📁 CHAPTER4 ▶ 📁 章末練習問題 ▶ ☒「Chap4_ 春の遠足計画表」

1️⃣ 文書「Chap4_ 春の遠足計画表」を開きましょう。

2️⃣ 下図を参考に、6 ～ 8 行目の全角の空白文字をタブに入力し直しましょう。

実施日時□□□5 月 10 日（水）9 時
行き先□□□□(1)大里自然公園(2)歴
服装□□□□□体操服、帽子、リュ

実施日時　→　5 月 10 日（水）9
行き先□□□□(1)大里自然公園(2)歴
服装□□□□□体操服、帽子、リュ

3️⃣ 6 ～ 8 行目の "約 8 字" の位置に、"左揃え" タブマーカーを設定しましょう。

4️⃣ 7 行目の "(1) 大里自然公園" の後ろで改行してタブを入力し、次の行の先頭が "(1) 大里自然公園" の先頭と揃うようにしましょう。同様の操作を 8 行目の "(2) 歴史資料館（ホールにて昼食）" の後ろでも行いましょう。

5️⃣ 13 ～ 19 行目の箇条書きの段落に、ぶら下げインデントマーカーを "約 5 字" の位置に設定しましょう。

6️⃣ 13 ～ 19 行目の箇条書きの段落に、1 行目のインデントマーカーを "約 2 字" の位置に設定しましょう。

7️⃣ 22 ～ 23 行目のタブで区切られた文字列を表に変換しましょう。列幅は "文字列の幅に合わせる" にしましょう。

8️⃣ 文書を上書き保存して閉じましょう。

<完成例>

春の遠足計画表

2021年度の春の遠足について、下記の要領にて計画します。

<概要>

実施日時　→　5月10日（月）9時00分出発□16時15分帰着
行き先　　→　(1)大里自然公園
　　　　　→　(2)歴史資料館（ホールにて昼食）
　　　　　→　(3)工芸会館（休憩）
服装　　　→　体操服、帽子、リュックサック

<携行品>
　　□→弁当
　　□→水筒
　　□→シート
　　□→おやつ
　　□→雨具
　　□→ハンカチ
　　□→ごみ袋

<行程>

出発	大里自然公園	歴史資料館（昼食）	工芸会館	帰着
9：00	10:00～11:30	12:00～14:00	15:00～15:30	16:15

※天候不良の場合は、中止または延期を検討し、当日の朝7時15分までに連絡網で連絡する。個別の問い合わせには対応できないことを事前に案内しておく。

以上

効率的に文書を
修正する

ここでは、文書を効率よく修正する方法を学習します。
作成後に修正する方法はもちろん、修正することをあらかじめ想
定した文書作成の方法についても説明します。
「あらかじめ修正することに対応した文書」を作成することは、自分
の作業時間を減らせるだけでなく、他の人と文書を共有するような
場面で、チーム全体の作業効率を上げることにもつながります。

5-1 文字列を検索、置換する

文書が数ページにもわたる長文の場合、特定の文字列をその中から探すのは大変な作業です。しかし、検索機能を使えば簡単に見つけ出すことができます。さらに、検索した文字列を別の文字列に一括して置き換えることもできます。文書の確認や修正をするときは、検索・置換機能を活用することで効率がよくなりミスも防止できます。

LESSON 1 | 文字列を検索する

文字列の検索機能を使うと、本文中の該当箇所が黄色で強調されます（この強調表示は一時的なものです）。
さらに文書ウィンドウの左側にナビゲーションウィンドウが開き、検索結果の一覧が表示されます。この一覧または ▲▼ をクリックすると検索結果間を移動することもできます。

検索機能の例

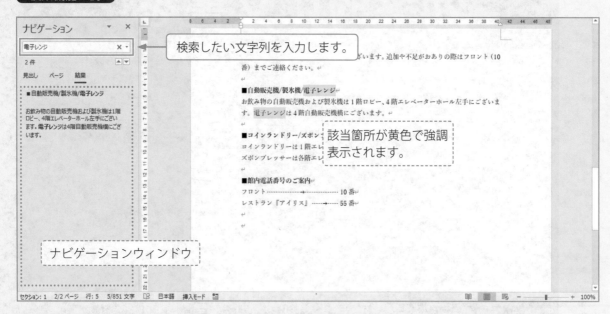

ここではまず"電子レンジ"の文字列を検索し、その後"フロント"の文字列を検索して、検索結果をナビゲーションバーで移動できることを確認します。

STEP　文書から文字列を検索する

1　文書「Chap5_ ホテル利用案内」を開きます。

スクール応用 _Word 2019 ▶ CHAPTER5 ▶ W「Chap5_ ホテル利用案内」

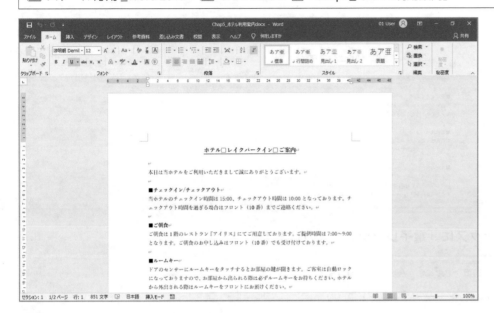

実習用データはインターネットからダウンロードできます。詳細は本書のP.（4）に記載されています。

2　文書の先頭にカーソルを移動します。

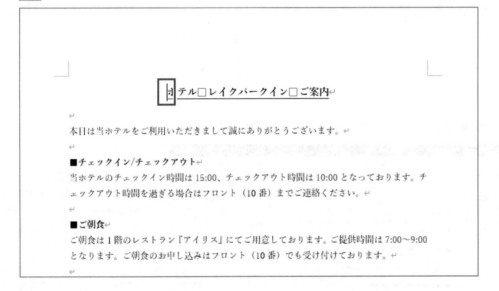

3　[ホーム]タブの[検索]ボタンをクリックします。

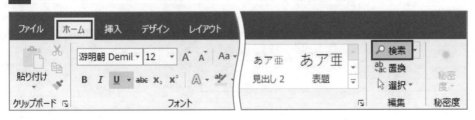

→ 文書ウィンドウの左側にナビゲーションウィンドウが表示されます。

4 ［文書の検索］ボックスに「電子レンジ」と入力します。

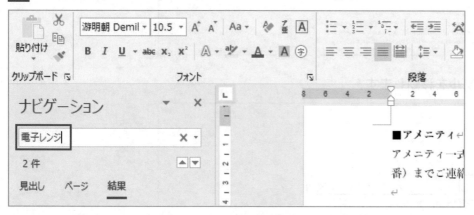

→ 文字列 " 電子レンジ " が検索され、該当箇所が黄色で強調表示されました。

ナビゲーションウィンドウにも該当箇所が表示されます。

5 同様の方法で、文字列 " フロント " を検索します。

6 ナビゲーションウィンドウ内の１つ目の検索結果をクリックします。

→ 該当箇所の文字列が範囲選択された状態になります。

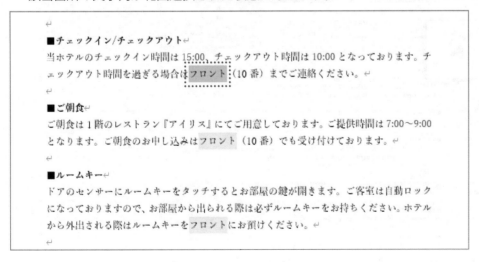

7 ナビゲーションウィンドウの ▼ をクリックします。

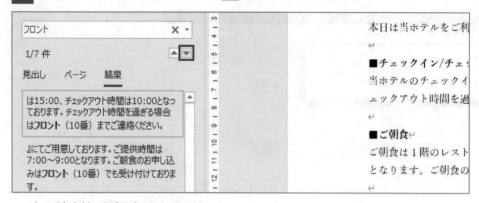

→ 次の該当箇所が選択されました。

当ホテルのチェックイン時間は 15:00、チェックアウト時間は 10:00 となっております。チェックアウト時間を過ぎる場合はフロント（10番）までご連絡ください。↵
↵
■ご朝食↵
ご朝食は 1 階のレストラン『アイリス』にてご用意しております。ご提供時間は 7:00～9:00 となります。ご朝食のお申し込みはフロント（10番）でも受け付けております。↵
↵
■ルームキー↵
ドアのセンサーにルームキーをタッチするとお部屋の鍵が開きます。ご客室は自動ロックになっておりますので、お部屋から出られる際は必ずルームキーをお持ちください。ホテルから外出される際はルームキーをフロントにお預けください。↵
↵
■エレベーター↵
エレベーターご利用の際は、ボタン横のセンサーにルームキーをタッチしてください。↵

STEP 文字列の検索を終了する

1 ナビゲーションウィンドウの閉じるボタンをクリックします。

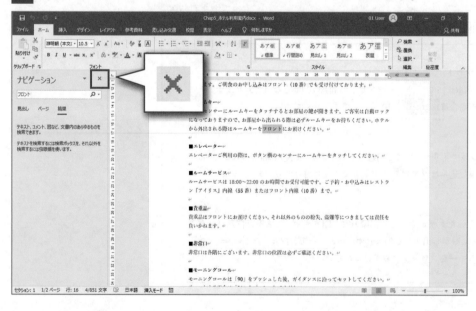

→ 検索が終了し、黄色の強調表示も解除されました。

One Point　文字列以外の要素を検索するには

文書内に挿入された画像や表など、文字列以外の要素を検索したい場合は、[文書の検索] ボックス右側の▼をクリックして、一覧から検索したい要素をクリックします。

例えば、[グラフィックス] をクリックした場合、文書内に挿入されている画像が検索されます。対象が見つかった場合は、ナビゲーションウィンドウの ▲ ▼ をクリックして検索された画像を順に確認していくことができます。

該当する要素が文書内に存在しなかった場合は、"検索条件に一致するものは見つかりませんでした" と表示されます。

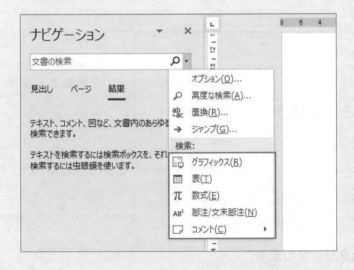

LESSON 2 | 文字列を別の文字列に置き換える

文字列の置換機能を使うと、検索した文字列を別の文字列に置き換えることができます。一度にまとめて置き換えることも、1つずつ確認しながら置き換えることもできます。

ここでは、フロントの内線番号が変わったと想定して、文書内に数箇所ある文字列 "10番" を "7番" に一度にまとめて置き換えます。またレストラン名も変わったと想定して別の名称に置き換えます。

置換機能の例

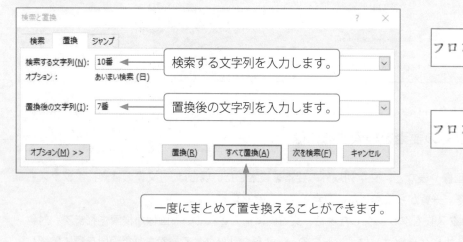

STEP 文字列を一括して別の文字列に置き換える

1 文書の先頭にカーソルを移動します。

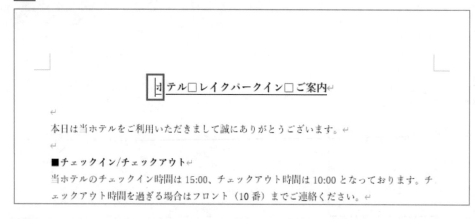

💬 文書の先頭にカーソルを移動するには、Ctrl + Home キーを押すと便利です。

2 [ホーム] タブの [置換] ボタンをクリックします。

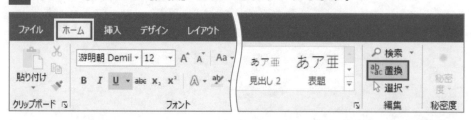

→［検索と置換］ダイアログボックスの［置換］タブが表示されます。

3 ［検索する文字列］ボックスに「10 番」と入力します（"10" は半角で入力）。

4 ［置換後の文字列］ボックスに「7 番」と入力します（"7" は半角で入力）。

［検索する文字列］ボックスには直前に検索した文字列 " フロント " が表示されていますが、Delete キーを押して削除して入力し直します。

5 ［すべて置換］をクリックします。

→ 5 箇所の文字列が置き換えられたことを示すメッセージが表示されます。

6 ［OK］をクリックします。

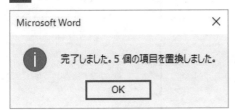

7 ［検索と置換］ダイアログボックスの［閉じる］をクリックします。

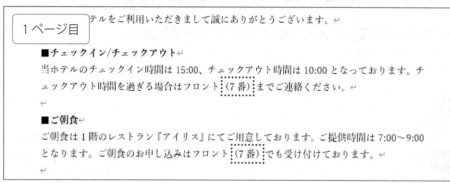

→ 検索した文字列を一括して別の文字列に置き換えることができました。

1ページ目

テルをご利用いただきまして誠にありがとうございます。↵

■チェックイン/チェックアウト↵

当ホテルのチェックイン時間は 15:00、チェックアウト時間は 10:00 となっております。チェックアウト時間を過ぎる場合はフロント（7番）までご連絡ください。↵

↵

■ご朝食↵

ご朝食は 1 階のレストラン『アイリス』にてご用意しております。ご提供時間は 7:00～9:00 となります。ご朝食のお申し込みはフロント（7番）でも受け付けております。↵

↵

2ページ目

―ビス↵

―スは 18:00～22:00 のお時間でお受付可能です。ご予約・お申込みはレストラン『アイリス』内線（55番）またはフロント内線（7番）まで。↵

↵

■貴重品↵

貴重品はフロントにお預けください。それ以外のものの紛失、盗難等につきましては責任を負いかねます。↵

↵

■非常口↵

非常口は各階にございます。非常口の位置は必ずご確認ください。↵

3ページ目

―式はお部屋にご用意してございます。追加や不足がおありの際はフロント（7番）までご連絡ください。↵

↵

■自動販売機/製氷機/電子レンジ↵

お飲み物の自動販売機および製氷機は 1 階ロビー、4 階エレベーターホール左手にございます。電子レンジは 4 階自動販売機横にございます。↵

↵

■コインランドリー/ズボンプレッサー↵

コインランドリーは 1 階エレベーターホール右手にございます。↵

ズボンプレッサーは各階エレベーターホールにご用意してございます。↵

↵

■館内電話番号のご案内↵

フロント ……………→……7番↵

レストラン『アイリス』……→……55番↵

一括で文字列を置き換える場合は、置き換えの間違いがないように、必ず置換前に［検索する文字列］ボックスの内容に間違いがないか確認するようにします。

8 同様の方法で、文書内の"アイリス"という文字列を"レイクサイド"に置き換えます。

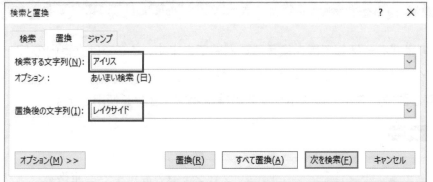

1ページ目

　ご朝食は1階のレストラン『レイクサイド』にてご用意しております。ご提供時間は 7:00
〜9:00 となります。ご朝食のお申し込みはフロント（7番）でも受け付けております。↵
　↵

2ページ目

　ルームサービスは 18:00〜22:00 のお時間でお受付可能です。ご予約・お申込みはレストラ
ン『レイクサイド』内線（55番）またはフロント内線（7番）まで。↵
　↵

3ページ目

　サーは各階エレベーターホールにご用意してございます。↵

　■館内電話番号のご案内↵
　フロント ・・・・・・・・・・・→・・・・・・・・・7番↵
　レストラン『レイクサイド』・・→・・55番↵
　↵

⟨ One Point　**検索した文字列を1つずつ確認しながら置き換えるには**

検索した文字列を1つずつ確認しながら置き換える場合は、［検索と置換］ダイアログボックスの［次
を検索］をクリックします。検索結果の1つ目の文字列が選択されるので、置き換える場合は［置換］を、
置き換えない場合は［次を検索］をクリックします。この操作を検索結果の最後の文字列まで繰り返し
ます。検索が終了すると"文書の検索が終了しました。"というメッセージが表示されるので［OK］を
クリックします。

LESSON 3 | 検索した文字列の書式を変更する

置換機能は、検索した文字列の書式を一括して置き換えることもできます。ここでは文書内の"7番"という文字列の書式をすべて"游ゴシック、太字"に変更します。

書式を置き換えるには［検索と置換］ダイアログボックスの検索オプションを使用します。

文字列を検索して書式を設定する例

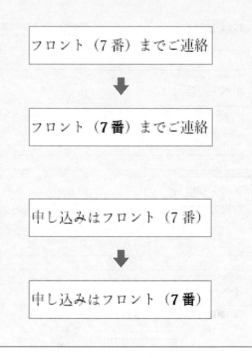

STEP 検索した文字列の書式を一括で変更する

1 文書の先頭にカーソルを移動します。

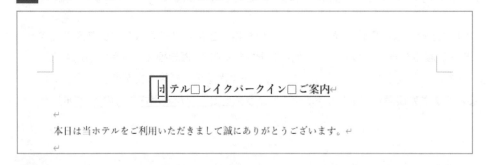

2 ［ホーム］タブの［置換］ボタンをクリックします。

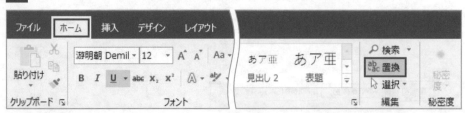

→［検索と置換］ダイアログボックスの［置換］タブが表示されます。

3 ［検索する文字列］ボックスに「7 番」と入力します（"7" は半角で入力）。

4 ［置換後の文字列］ボックスにも「7 番」と入力します（"7" は半角で入力）。

今回のように書式だけを置き換えたい場合は、［検索する文字列］ボックスと［置換後の文字列］ボックスには同じ文字列を入力するようにします。

5 ［置換後の文字列］ボックスにカーソルがある状態で、［オプション］をクリックします。

→ 検索オプションが表示されます。

5

効率的に文書を修正する

6 ［書式］をクリックします。

7 一覧から［フォント］をクリックします。

→［置換後の文字］ダイアログボックスが表示されます。

8 ［日本語用のフォント］ボックスの ▽ をクリックして、一覧から［游ゴシック］をクリックします。

9 ［スタイル］ボックスから［太字］をクリックします。

10 ［置換後の文字］ダイアログボックスの［OK］をクリックします。

11 ［すべて置換］をクリックします。

→ 5 箇所の文字列が置き換えられたことを示すメッセージが表示されます。

12 ［OK］をクリックします。

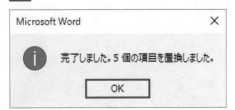

13 ［検索と置換］ダイアログボックスの［閉じる］をクリックします。

→ 検索した文字列の書式を一括で変更できました。

---

1 ページ目

イン/チェックアウト↵

チェックイン時間は 15:00、チェックアウト時間は 10:00 となっております。チ
ェックアウト時間を過ぎる場合はフロント **（7番）** までご連絡ください。↵

↵

■ご朝食↵

ご朝食は 1 階のレストラン『レイクサイド』にてご用意しております。ご提供時間は 7:00
〜9:00 となります。ご朝食のお申し込みはフロント **（7番）** でも受け付けております。↵

↵

---

2 ページ目

ービス↵

ルームサービスは 18:00〜22:00 のお時間でお受付可能です。ご予約・お申込みはレストラ
ン『レイクサイド』内線（55 番）またはフロント内線 **（7番）** まで。↵

↵

■貴重品↵

貴重品はフロントにお預けください。それ以外のものの紛失、盗難等につきましては責任を

---

3 ページ目

・式はお部屋にご用意してございます。追加や不足がおありの際はフロント **（7**
番） までご連絡ください。↵

↵

■自動販売機/製氷機/電子レンジ↵

お飲み物の自動販売機および製氷機は 1 階ロビー、4 階エレベーターホール左手にございま
す。電子レンジは 4 階自動販売機横にございます。↵

↵

■コインランドリー/ズボンプレッサー↵

コインランドリーは 1 階エレベーターホール右手にございます。↵

ズボンプレッサーは各階エレベーターホールにご用意してございます。↵

↵

■館内電話番号のご案内↵

フロント ……………………→ **7番** ↵

レストラン『レイクサイド』 …→55 番↵

---

14 同様の方法で、文字列 " 55 番 " にも同じ書式（游ゴシック、太字）を設定します。

---

1 ページ目

ービス↵

ルームサービスは 18:00〜22:00 のお時間でお受付可能です。ご予約・お申込みはレストラ
ン『レイクサイド』内線 **（55 番）** またはフロント内線 **（7番）** まで。↵

↵

■貴重品↵

---

3 ページ目

ッサーは各階エレベーターホールにご用意してございます。↵

■館内電話番号のご案内↵

フロント ……………………→ **7番** ↵

レストラン『レイクサイド』 …→ **55 番** ↵

↵

5

効率的に文書を修正する

LESSON **4** | 特定の書式を検索して別の書式に置き換える

「LESSON3 検索した文字列の書式を変更する」では文字列を検索して書式を置き換えましたが、書式そのもので検索して、別の書式に置き換えることも可能です。例えば、"文書内の赤色の文字列をすべて青色に変更する"といったことができます。

書式を置き換える例

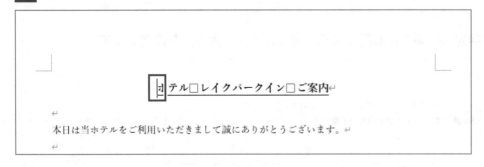

STEP **特定の書式を検索して別の書式に一括で置き換える**

1 文書の先頭にカーソルを移動します。

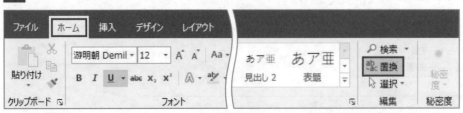

2 [ホーム] タブの [置換] ボタンをクリックします。

→ [検索と置換] ダイアログボックスの [置換] タブが表示されます。

3 ［検索する文字列］ボックス内で Delete キーを押して文字列を消去し、空白にします。

4 ［置換後の文字列］ボックス内で Delete キーを押して文字列を消去し、空白にします。

検索　　**置換**　　ジャンプ

検索する文字列(N):　　　　　　◀ **3**

オプション：　　　　あいまい検索 (日)
書式：

置換後の文字列(I):　|　　　　◀ **4**

書式：　　　　　　フォント : (日) 游ゴシック, 太字

💬
［検索する文字列］、［置換後の文字列］のボックスを空白にするのは書式だけを検索条件にするためです。

5 ［置換後の文字列］ボックスにカーソルがある状態で、［書式の削除］をクリックします。

検索と置換　　　　　　　　　　　　　　　　　　　？　　✕

検索　　**置換**　　ジャンプ

検索する文字列(N):　　　　　　　　　　　　　　　　∨

オプション：　　　　あいまい検索 (日)
書式：

置換後の文字列(I):　|　　　　　　　　　　　　　∨

書式：　　　　　フォント : (日) 游ゴシック, 太字

［<< オプション(L)］　　　［置換(R)］　［すべて置換(A)］　［次を検索(F)］　［キャンセル］

検索オプション

検索方向(:)　［文書全体 ∨］

☐ 大文字と小文字を区別する(H)　　　　　☐ 接頭辞に一致する(X)
☐ 完全に一致する単語だけを検索する(Y)　☐ 接尾辞に一致する(T)
☐ ワイルドカードを使用する(U)　　　　　☐ 半角と全角を区別する(M)
☐ あいまい検索 (英)(K)　　　　　　　　☐ 句読点を無視する(S)
☐ 英単語の異なる活用形も検索する(W)　　☐ 空白文字を無視する(W)
　　　　　　　　　　　　　　　　　　　☑ あいまい検索 (日)(J)
　　　　　　　　　　　　　　　　　　　［オプション(S)...］

置換

［書式(O)▼］　［特殊文字(E)▼］　**［書式の削除(T)］**

→ 直前の操作で設定した書式が［置換後の文字列］ボックスから削除されます。

検索と置換　　　　　　　　　　　　　　　　　　　？　　✕

検索　　**置換**　　ジャンプ

検索する文字列(N):　　　　　　　　　　　　　　　　∨

オプション：　　　　あいまい検索 (日)

置換後の文字列(I):　|　　　　　　　　　　　　　∨

［<< オプション(L)］　　　［置換(R)］　［すべて置換(A)］　［次を検索(F)］　［キャンセル］

検索オプション

5
効率的に文書を修正する

6 ［検索する文字列］ボックス内にカーソルを移動します。

検索する書式を指定するための重要な操作です。必ず行うようにします。

7 検索オプションの［書式］をクリックして、一覧から［フォント］をクリックします。

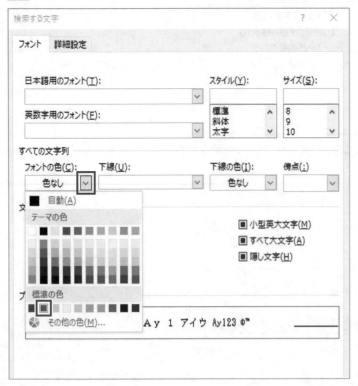

［書式］が表示されていない場合は［オプション］をクリックします。

→ ［検索する文字］ダイアログボックスの［フォント］タブが表示されます。

8 ［フォントの色］ボックスの ⌄ をクリックして、一覧から［標準の色］の［赤］をクリックします。

9 ［検索する文字］ダイアログボックスの［OK］をクリックします。

→［検索する文字列］ボックスに検索する書式が設定されます。

10 ［置換後の文字列］ボックス内にカーソルを移動します。

置き換える書式を指定
するための重要な操作
です。必ず行うように
します。

11 検索オプションの［書式］をクリックして、一覧から［フォント］をクリックします。

→［置換後の文字］ダイアログボックスの［フォント］タブが表示されます。

5

効率的に文書を修正する

12 ［フォントの色］ボックスの ✓ をクリックして、一覧から［標準の色］の［青］をクリックします。

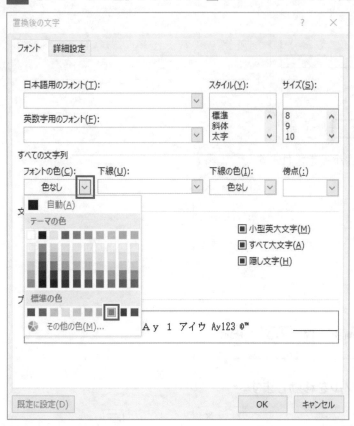

13 ［スタイル］ボックスから［斜体］をクリックします。

14 ［置換後の文字］ダイアログボックスの［OK］をクリックします。

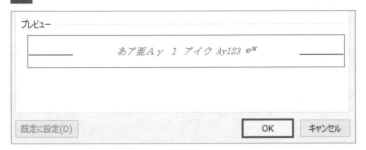

→ ［置換後の文字列］ボックスに置換後の書式が設定されます。

15 ［すべて置換］をクリックします。

→ 4箇所の書式が置き換えられたことを示すメッセージが表示されます。

16 ［OK］をクリックします。

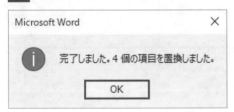

5

効率的に文書を修正する

17 ［検索と置換］ダイアログボックスの［閉じる］をクリックします。

検索と置換   ?   ✕

検索 置換 ジャンプ

検索する文字列(N):
オプション：   あいまい検索 (日)
書式：   フォントの色：赤

置換後の文字列(I):
書式：   フォント：斜体, フォントの色：青

［<< オプション(L)］   ［置換(R)］［すべて置換(A)］［次を検索(F)］［閉じる］

検索オプション

検索方向(:) ［文書全体 ▽］

☐ 大文字と小文字を区別する(H)   ☐ 接頭辞に一致する(X)
☐ 完全に一致する単語だけを検索する(Y)   ☐ 接尾辞に一致する(T)
☐ ワイルドカードを使用する(U)   ☐ 半角と全角を区別する(M)
☐ あいまい検索 (英)(K)   ☐ 句読点を無視する(S)
☐ 英単語の異なる活用形も検索する(W)   ☐ 空白文字を無視する(W)
                              ☑ あいまい検索 (日)(J)
                              ［オプション(S)...］

検索

［書式(O)▼］［特殊文字(E)▼］［書式の削除(T)］

→ 特定の書式を検索して別の書式に一括で置き換えることができました。

---

1 ページ目

イン/チェックアウト↵
チェックイン時間は *15:00*、チェックアウト時間は *10:00* となっております。チェックアウト時間を過ぎる場合はフロント（**7番**）までご連絡ください。↵
↵
■ご朝食↵
ご朝食は 1 階のレストラン『レイクサイド』にてご用意しております。ご提供時間は *7:00 ～9:00* となります。ご朝食のお申し込みはフロント（**7番**）でも受け付けております。↵
↵

---

2 ページ目

ービス↵
ルームサービスは *18:00～22:00* のお時間でお受付可能です。ご予約・お申込みはレストラン『レイクサイド』内線（**55番**）またはフロント内線（**7番**）まで。↵
↵
■貴重品↵
貴重品はフロントにお預けください。それ以外のものの紛失、盗難等につきましては責任を

---

18 文書「Chap5_ ホテル利用案内」を上書き保存して閉じます。

5-2　スタイル機能を活用する

同じ書式を複数の箇所に設定する場合、ひとつひとつ設定していくと、手間がかかるだけでなく、ミスが起こる原因にもなります。スタイルという機能を使うことで、簡単な操作でより正確に書式を設定することができます。

LESSON 1 ｜ スタイルとは

スタイルとは、**複数の書式を組み合わせて登録する機能**で、スタイルを使えば次からは1つずつ書式を設定する手間が省けます。

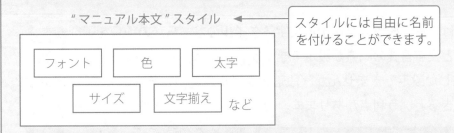

"マニュアル本文"スタイル ◄── スタイルには自由に名前を付けることができます。

フォント　色　太字　サイズ　文字揃え　など

また、スタイルには、ユーザーが独自に登録するものの他に、"表題"、"見出し1"、"見出し2"など、あらかじめ用意されているものもいくつかあります。これら既存のスタイルには自由に書式を追加、変更することもできるため、新規にスタイルを作るよりも、これらを基にスタイルを作ったほうが便利なときもあります。

スタイルの利点は、1つずつ書式を設定する手間が省けることだけでなく、後から**書式を更新**できることにもあります。更新するとそのスタイルを適用していたすべての段落や文字列の書式を一括して置き換えることができます。

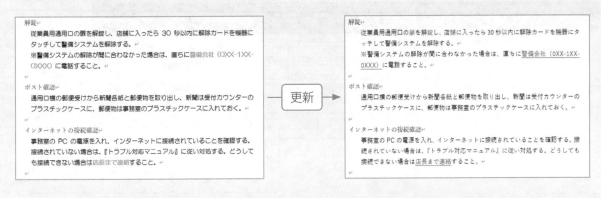

更新

5

効率的に文書を修正する

LESSON 2 | スタイルを作成する

スタイルを作成するには、**文字列や段落にあらかじめ設定した書式を基にする**方法と、ダイアログボックスを使って新規に作成する方法があります。どちらの方法でもスタイルを作成できますが、ダイアログボックスを使う方法は書式設定に慣れたユーザーでないと書式の状態が把握しづらいかもしれません。そこで本書ではあらかじめ設定した書式を基にしてスタイルを作成する方法を紹介します。

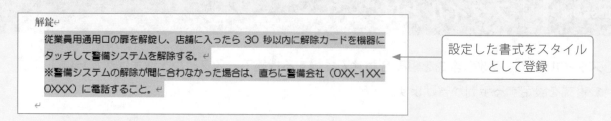

設定した書式をスタイルとして登録

スタイルを作成するときは、主に**段落スタイル**と**文字スタイル**のどちらかの種類を選びます。段落スタイルは段落書式と文字書式の両方が設定できます。
文字スタイルは文字書式しか設定できませんが、段落スタイルが適用されている箇所に別の文字書式を追加して適用できるという利点があります。

スタイルの種類	特徴	設定できる書式
段落スタイル	段落書式と文字書式の両方を設定できます。	≪段落書式≫ 左揃え、中央揃え、右揃え / インデント / 段落前、段落後 / 行間 / タブ / 段落罫線 / 段落の塗りつぶし など ≪文字書式≫ フォント / フォントサイズ / 太字 / 斜体 / 下線 / フォントの色 など
文字スタイル	文字書式しか設定できません。 ただし、段落スタイルが適用されている箇所に別の文字書式を適用できます。	≪文字書式≫ フォント / フォントサイズ / 太字 / 斜体 / 下線 / フォントの色 など

作成したスタイルは[スタイル]ボックス（スタイルギャラリー）に配置され、クリックするだけで対象となる範囲に適用することができます。

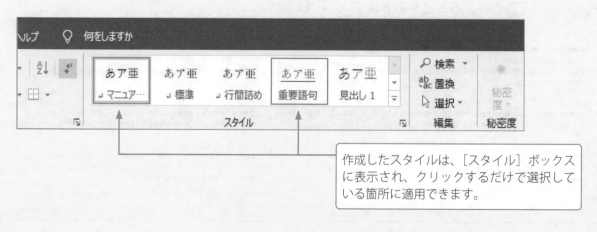

作成したスタイルは、[スタイル]ボックスに表示され、クリックするだけで選択している箇所に適用できます。

STEP　スタイルに登録したい書式を設定する

1 文書「Chap5_ 開店時業務マニュアル」を開きます。

スクール応用 _Word 2019 ▶ CHAPTER5 ▶ 「Chap5_ 開店時業務マニュアル」

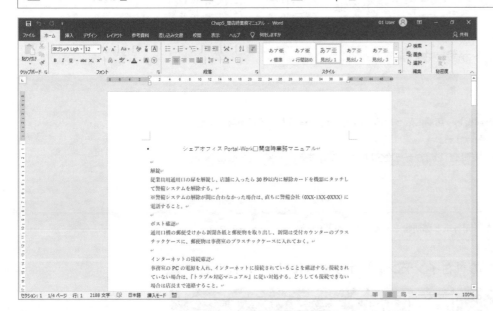

実習用データはインターネットからダウンロードできます。詳細は本書のP.（4）に記載されています。

2 1ページ目の4行目から7行目を範囲選択します。

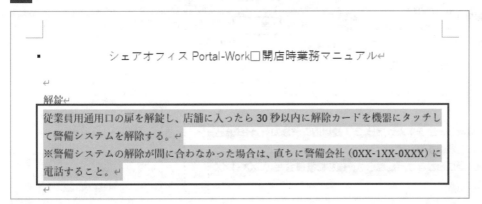

3 ［ホーム］タブの［フォント］ボックスの▼をクリックして、一覧から［HG 丸ゴシック M-PRO］をクリックします。

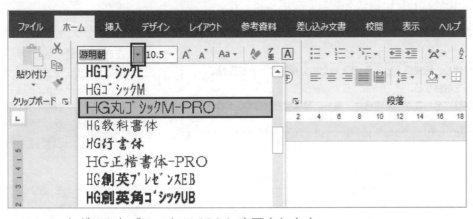

→ フォントが HG 丸ゴシック M-PRO に変更されます。

効率的に文書を修正する

5

4 ［レイアウト］タブの［左インデント］ボックスに「1」と入力します。

→ 1 文字分の左インデントが設定されます。

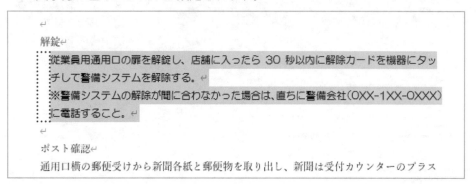

5 ［レイアウト］タブの［右インデント］ボックスに「2」と入力します。

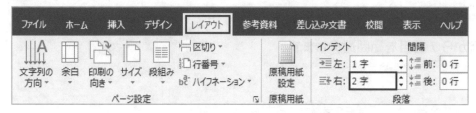

→ 2 文字分の右インデントが設定されます。

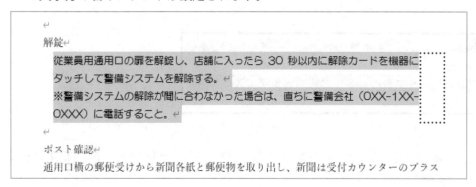

→ 新しく作成するスタイルに登録したい書式をすべて設定しました。

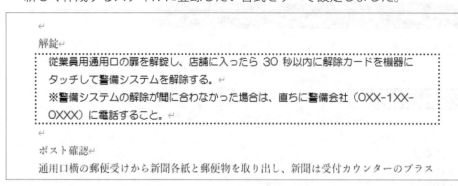

左図では書式設定の結果が分かりやすいように範囲選択を解除していますが、実際には選択を解除しないですぐにスタイルの登録を行います。

STEP 設定した書式を基に新しい段落スタイルを作成する

1 スタイルに登録する書式が設定された段落を範囲選択します。

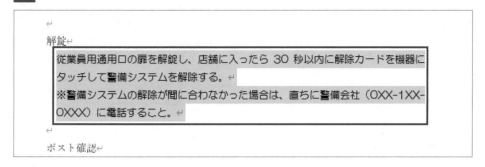

2 [ホーム] タブの [スタイル] ボックスの [その他] ボタンをクリックします。

→ [スタイル] ボックスにスタイルの一覧（スタイルギャラリー）が表示されます。

3 一覧から [スタイルの作成] をクリックします。

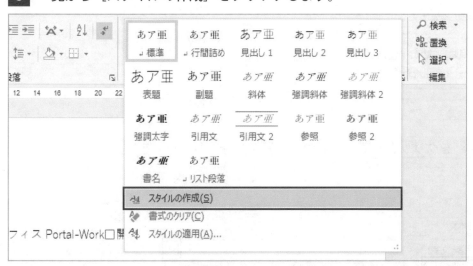

→ [書式から新しいスタイルを作成] ダイアログボックスが表示されます。

4 [変更] をクリックします。

→ 詳細な設定を行うためのダイアログボックスが表示されます。

5 ［名前］ボックスに「マニュアル本文」と入力します。

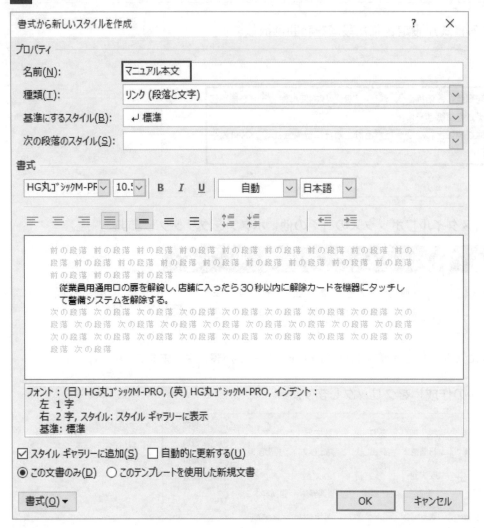

スタイルの名前は自由に付けることができますが、最初から用意されている組み込みスタイルと同じ名前など一部使用できない名前もあります。

6 ［種類］ボックスの ✓ をクリックして、一覧から ［段落］ をクリックします。

作成したいスタイルの種類を選んでいます。ここでは段落スタイルとして登録します。

7　作成するスタイルの書式を確認して、［OK］をクリックします。

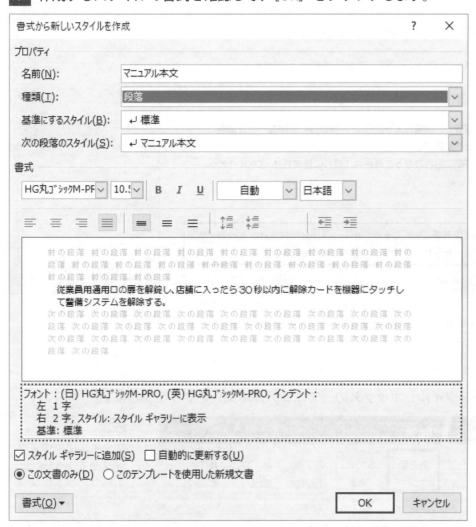

→ 選択範囲の書式が、段落スタイル "マニュアル本文" として作成できました。

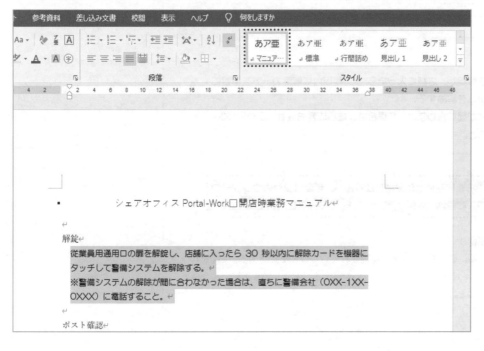

スタイルを作成している途中で、ダイアログボックスの［OK］をクリックしてしまった場合は、作成されたスタイルを右クリックして、ショートカットメニューの［変更］をクリックしてください。再度ダイアログボックスが表示されます。

STEP 作成した段落スタイルを文書内の段落に適用する

1 1ページ目の10行目から11行目を範囲選択します。

> ・　　　　　シェアオフィス Portal-Work□開店時業務マニュアル↵
>
> ↵
>
> 解錠↵
> 　従業員用通用口の扉を解錠し、店舗に入ったら 30 秒以内に解除カードを機器に
> タッチして警備システムを解除する。↵
> 　※警備システムの解除が間に合わなかった場合は、直ちに警備会社（OXX-1XX-
> OXXX）に電話すること。↵
>
> ↵
>
> ポスト確認↵
> 通用口横の郵便受けから新聞各紙と郵便物を取り出し、新聞は受付カウンターのプラス
> チックケースに、郵便物は事務室のプラスチックケースに入れておく。↵
>
> インターネットの接続確認↵
> 事務室の PC の電源を入れ、インターネットに接続されていることを確認する。接続され
> ていない場合は、『トラブル対応マニュアル』に従い対処する。どうしても接続できない
> 場合は店長まで連絡すること。↵
>
> ↵

2 [ホーム]タブの[スタイル]ボックスの[マニュアル本文]をクリックします。

スタイルにマウスポインターを合わせると、ポップヒントにスタイル名が表示されます。

→ 作成した段落スタイルを選択範囲に適用できました。

> ・　　　　　シェアオフィス Portal-Work□開店時業務マニュアル↵
>
> ↵
>
> 解錠↵
> 　従業員用通用口の扉を解錠し、店舗に入ったら 30 秒以内に解除カードを機器に
> タッチして警備システムを解除する。↵
> 　※警備システムの解除が間に合わなかった場合は、直ちに警備会社（OXX-1XX-
> OXXX）に電話すること。↵
>
> ↵
>
> ポスト確認↵
> 通用口横の郵便受けから新聞各紙と郵便物を取り出し、新聞は受付カウンターの
> プラスチックケースに、郵便物は事務室のプラスチックケースに入れておく。↵
>
> インターネットの接続確認↵
> 事務室の PC の電源を入れ、インターネットに接続されていることを確認する。接続され
> ていない場合は、『トラブル対応マニュアル』に従い対処する。どうしても接続できない
> 場合は店長まで連絡すること。↵
>
> ↵

3 同様の方法で、下図の点線で囲んだ部分に［マニュアル本文］スタイルを適用します。

1ページ目

シェアオフィス Portal-Work□開店時業務マニュアル

解錠
従業員用通用口の扉を解錠し、店舗に入ったら 30 秒以内に解除カードを機器に
タッチして警備システムを解除する。
※警備システムの解除が間に合わなかった場合は、直ちに警備会社（0XX-1XX-
0XXX）に電話すること。

ポスト確認
通用口横の郵便受けから新聞各紙と郵便物を取り出し、新聞は受付カウンターの
プラスチックケースに、郵便物は事務室のプラスチックケースに入れておく。

インターネットの接続確認
事務室の PC の電源を入れ、インターネットに接続されていることを確認する。
接続されていない場合は、『トラブル対応マニュアル』に従い対処する。どうして
も接続できない場合は店長まで連絡すること。

プリンター（コピー機）のチェック
プリンターの電源が入っていることを確認し、用紙の補充と原稿台のガラス面、液
晶タッチパネルの清掃を行う。電源が入らない、用紙が詰まって取り除くことがで
きない場合は『トラブル対応マニュアル』および『PR-3000 マニュアル』を参考
に対処すること。

共用 PC のチェック
共用スペースにある PC の電源を入れ、すべての PC がインターネットに接続さ
れていること、プリンターに接続されていることを確認する。PC に何らかのトラ
ブルがある場合は『トラブル対応マニュアル』を参考にすること。

ドリンクの準備
ドリンクサーバーの受け皿を外して洗剤で洗う。
ジュースの原液、炭酸が切れていないかの確認をし、切れていたら補充する。
グラスやカップがきちんとケース内に補充されているか確認し、されていなけれ
ば補充する。ドリンクサーバーの周りを水拭き後、アルコールのついた布で拭く。
シュガーやガムシロップ、おしぼりなどを補充する。

2ページ目

新聞・雑誌の設置
共用スペースの新聞ラックに今日の新聞を各紙セットする。セットし終えたら新
聞が入っていたプラスチックケースは受付カウンター下のスペースに収納する。
前日の新聞はストッカーに収納する。
雑誌は新しい号が届いたらマガジンラックに並べる。バックナンバーはストッカ
ーに収納する。

清掃チェック
開店後に清掃はされているが、清掃が行き届いているかをチェックし、汚れがある
場合は清掃し消毒する。特にお客様がよく触れる以下の箇所は入念にチェックす
ること。
・共用 PC のマウス、キーボード
・テーブル、椅子
・各ドア周り
・ドリンクサーバー周辺
・共用スペース
・雑誌の表紙

会議室の準備
会議室のテーブルや椅子の並び方が基本の状態に戻っているかを確認する。並び
方が変わっている場合は基本の状態に戻しておく。
本日の会議室の予約状況を確認し、スタッフ間で情報をシェアしておく。

ゴミ袋の設置
各ゴミ箱のゴミは閉店後に回収されているが、ゴミ袋の設置は開店前に行う。
以下の箇所に設置されたゴミ箱にゴミ袋を設置しながら、ゴミ箱およびその周辺
に汚れがないかチェックする。汚れがある場合は清掃する。
・共用スペース（×1）
・飲食スペース（×2）
・給湯スペース（×1）
・個別ブース（×6）
・会議室（×1）
・事務室（×2）

3ページ目

ロッカーのチェック
各ロッカーのダイアルロックが解錠されていることを確認する。ダイアルロック
が掛かっている場合はマスターキーで開ける。マスターキーの場所および使用方
法は『トラブル対応マニュアル』を参考にすること。
解錠したら中を確認し、忘れ物が残っていた場合はロッカー番号から前日の利用
者を調べ、「忘れ物ボックス」にロッカー番号と利用者名を記したメモとともに保
管する。

トイレの清掃
トイレは閉店時に清掃されているが、清掃が行き届いているかチェックし、汚れが
ある場合は清掃する。またトイレットペーパー、ハンドソープ、手指消毒液の補充
を行う。

レジ
閉店後のレジ締めをした金額とレジスター内の金額が一致しているかを確認する。
釣銭の準備、レシートロールが残り少なくなっていたら変えておく。

メールチェック
問い合わせや予約のメールが来ていないかチェックする。予約のメールが入って
いた場合は予約管理システムのほうに入力する。
問い合わせへの対応は、なるべく午前中に行う。

予約状況の確認
事務用 PC またはタブレットで予約管理システムを起動し、各個別ブースの予約
状況を確認して「予約席」の札を置く。どのお客様がどのブースを希望しているか
は全スタッフが把握しておくこと。予約管理システムの使用方法については『予約
管理システムマニュアル』を参考にすること。

SNS での発信
本日の営業時間を SNS で発信する。
またトラブル等により一部サービスが利用できない事態になった場合は SNS に
てお詫びとともに告知する。例文集は『トラブル対応マニュアル』を参考にするこ
と。

4ページ目

空調調整
空調の電源を入れる。適宜その日の気温に合わせた温度設定をする。暑すぎず寒す
ぎないようにする。
夏場は 28℃、冬場は 20℃を目安に。

店前・駐車場の清掃
店前、駐車場の掃き掃除をする。吸い殻やゴミが落ちていたら綺麗にすること。
お客様の忘れ物が放置されていることもあるので、その際は店内に一定期間預か
り、ひと月が過ぎても持ち主が現れない場合は廃棄する。

開店
開店 10 分前に通用口から一度表にでて、シャッター開閉キーにて電動シャッタ
ーを上げる。シャッターを上げているうちに通用口から中へ戻り、内側から入口ガ
ラス扉の鍵を開ける。
置看板を店舗入り口横の所定の位置に出し、開店までの時間で入口ガラス扉や正
面ガラス窓を拭いておく。

複数箇所を選択してスタイルを適用することもできます（次ページ OnePoint 参照）。

効率的に文書を修正する

5

OnePoint 離れた複数箇所に効率よくスタイルを適用するには

前述の操作のように、多くの箇所に同じスタイルを適用する場合は、Ctrl キーを押しながら範囲選択を行い、対象となる箇所を複数選択してから、スタイルを適用する方法も便利です。

ただし、文書内の対象箇所を一度にすべて選択しようとすると範囲選択のミスも多くなり、反対に非効率になることがあります。そのような場合はページごとなど、一定量に区切って選択を行い、スタイルを適用していくとよいでしょう。

OnePoint 作成したスタイルが一覧にない場合

[スタイル] ボックスの [その他] ボタンをクリックして、スタイルの一覧（スタイルギャラリー）を表示しても作成したスタイルがない場合は、スタイル作成時に使用したダイアログボックスの [スタイルギャラリーに追加] チェックボックスがオフになっていたことが考えられます。

その場合は、[ホーム] タブの [スタイル] グループの 🔽 [スタイル] をクリックすると、スタイルの一覧に追加されていないスタイルも適用することができます。

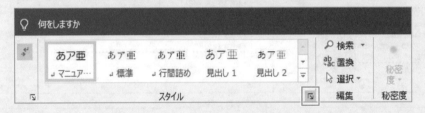

また、スタイル名にマウスポインターを合わせて右側に表示された▼をクリックすると、[スタイルギャラリーに追加] という項目が表示され、これをクリックすると次からはスタイルの一覧に表示されるようになります。

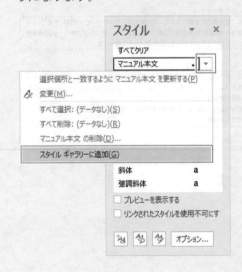

STEP 新しい文字スタイルを作成する

1 1 ページ目の下図の文字列を範囲選択します。

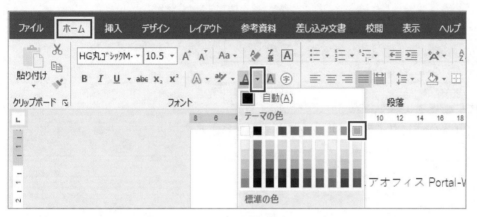

2 ［ホーム］タブの［フォントの色］ボタンの▼ をクリックして、一覧から［テーマの色］の［緑、アクセント 6］をクリックします。

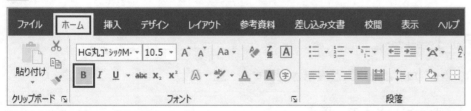

→ 文字列の色が "緑、アクセント 6" に変更されます。

3 ［ホーム］タブの［太字］ボタンをクリックします。

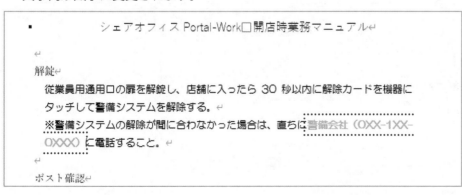

→ 文字列が太字に変更されます。

左図では書式設定の結果が分かりやすいように範囲選択を解除していますが、実際には選択を解除しないですぐにスタイルの登録を行います。

5

効率的に文書を修正する

4 ［ホーム］タブの［スタイル］ボックスの［その他］ボタンをクリックします。

→ ［スタイル］ボックスにスタイルの一覧（スタイルギャラリー）が表示されます。

5 一覧から［スタイルの作成］をクリックします。

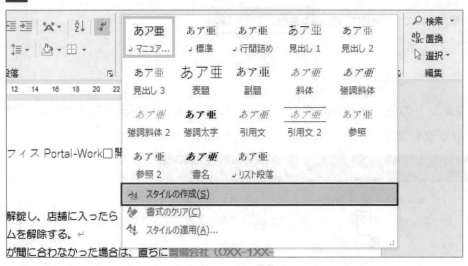

→ ［書式から新しいスタイルを作成］ダイアログボックスが表示されます。

6 ［変更］をクリックします。

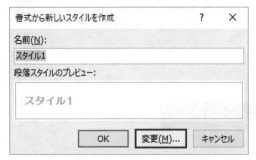

→ 詳細な設定を行うためのダイアログボックスが表示されます。

7 ［名前］ボックスに「重要語句」と入力します。

8 ［種類］ボックスの ✓ をクリックして、一覧から［文字］をクリックします。

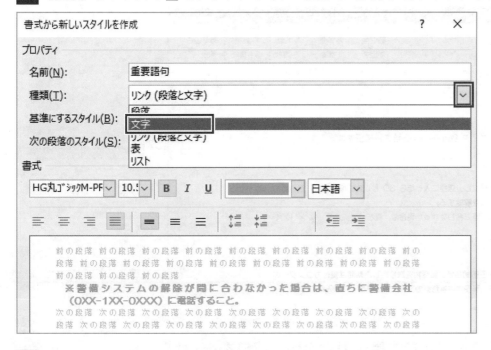

ここでは文字スタイルとして登録します。
文字スタイルに登録できる書式はフォント、フォントの色、太字などの"文字書式"だけです。
文字揃えやインデントなどの"段落書式"は登録できません。

9 作成するスタイルの書式を確認して、［OK］をクリックします。

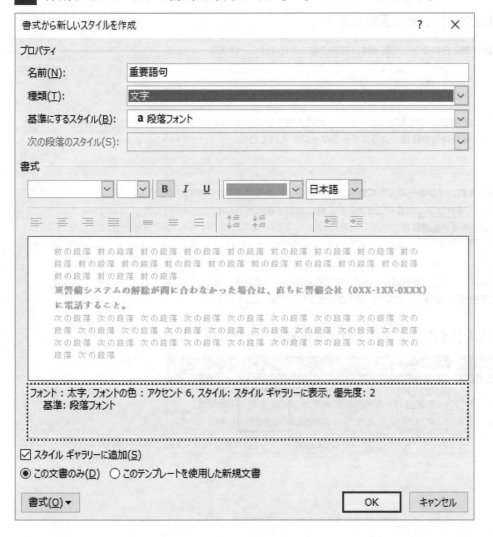

5

効率的に文書を修正する

→ 選択範囲の書式が、文字スタイル"重要語句"として登録できました。

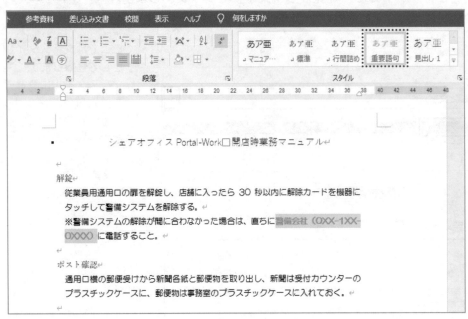

STEP 作成した文字スタイルを文書内の文字列に適用する

1 1ページ目の下図の文字列を範囲選択します。

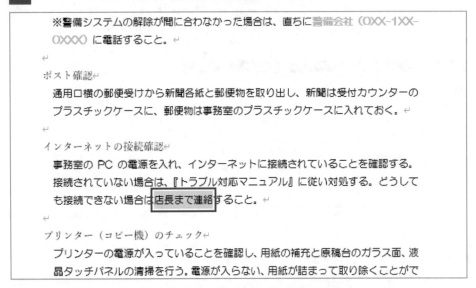

2 [ホーム] タブの [スタイル] ボックスの [重要語句] をクリックします。

→ 作成した文字スタイルを選択範囲に適用できました。

> ※警備システムの解除が間に合わなかった場合は、直ちに警備会社（0XX-1XX-0XXX）に電話すること。
>
> ポスト確認
> 通用口横の郵便受けから新聞各紙と郵便物を取り出し、新聞は受付カウンターのプラスチックケースに、郵便物は事務室のプラスチックケースに入れておく。
>
> インターネットの接続確認
> 事務室の PC の電源を入れ、インターネットに接続されていることを確認する。接続されていない場合は、『トラブル対応マニュアル』に従い対処する。どうしても接続できない場合は店長まで連絡すること。
>
> プリンター（コピー機）のチェック
> プリンターの電源が入っていることを確認し、用紙の補充と原稿台のガラス面、液晶タッチパネルの清掃を行う。電源が入らない、用紙が詰まって取り除くことがで

文字スタイルは、段落スタイルが適用されている箇所に追加して適用することができます。

3 同様の方法で、以下のすべての箇所に "重要語句" スタイルを適用します。

> 雑誌は新しい号が届いたらマガジンラックに並べる
> ーに収納する。
>
> ■ 2 ページ目
> 11 行目「入念にチェック」
>
> 清掃チェック
> 閉店後に清掃はされているが、清掃が行き届いているかをチェックし、汚れがある場合は清掃し消毒する。特にお客様がよく触れる以下の箇所は入念にチェックすること。
> ・共用 PC のマウス、キーボード
> ・テーブル、椅子
> ・各ドア周り
> ・ドリンクサーバー周辺
> ・共用スペース
> ・雑誌の表紙

> 問い合わせへの対応は、なるべく
>
> ■ 3 ページ目
> 26 行目「全スタッフが把握しておくこと」
>
> 予約状況の確認
> 事務用 PC またはタブレットで予約管理システムを起動し、各個別ブースの予約状況を確認して「予約席」の札を置く。どのお客様がどのブースを希望しているかは全スタッフが把握しておくこと。予約管理システムの使用方法については『予約管理システムマニュアル』を参考にすること。
>
> SNS での発信
> 本日の営業時間を SNS で発信する。
> またトラブル等により一部サービスが利用できない事態になった場合は SNS にてお詫びとともに告知する。例文集は『トラブル対応マニュアル』を参考にすること。

5

効率的に文書を修正する

⬅OnePoint　スタイルを削除するには

作成したスタイルを削除するには、スタイルの一覧（スタイルギャラリー）から削除したいスタイルを右クリックして、ショートカットメニューの［スタイルギャラリーから削除］をクリックします。
ただし、この操作ではスタイルの一覧に表示されなくなるだけで、スタイルそのものは使用中の文書に残っています。
完全に削除したい場合は、［ホーム］タブの［スタイル］グループの 🖎 ［スタイル］をクリックして、［スタイル］作業ウィンドウを表示します。スタイルの一覧から削除するスタイル名にマウスポインターを合わせて▼をクリックし、一覧から［（スタイル名）の削除］をクリックします。

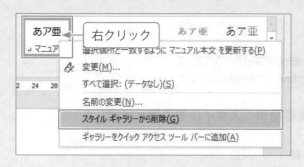
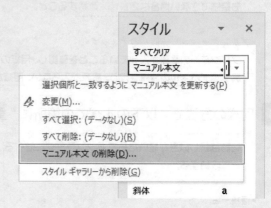

⬅OnePoint　文字スタイルの効果的な利用方法

文字スタイルには"段落スタイルが適用された箇所に別の文字書式を適用できる"という特性があります。下図のように段落スタイルに別の段落スタイルの文字書式だけを適用することはできないため、このような場面で文字スタイルを使うのが効果的です。

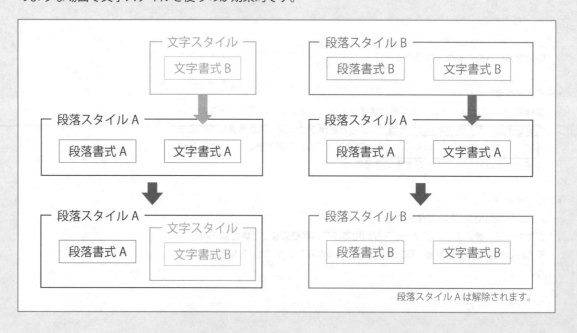

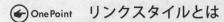 **OnePoint　リンクスタイルとは**

スタイルには、文字スタイルと段落スタイルの両方の特性を兼ね備えた " リンクスタイル " というものがあります。

リンクスタイルの特徴として、下図のように適用時に選択した対象が " 文字列 " か " 段落 " かで、どちらのスタイルとして扱われるかが変わります。

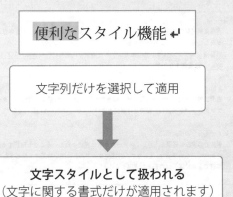

リンクスタイルは手軽ではありますが、" 選択方法によってスタイルの種類が変わる " という特徴を理解していないと混乱を招くこともあります。そのため、明確に用途が決まっているものは段落スタイルや文字スタイルとして作成し、どちらの使い方もする可能性がある場合のみリンクスタイルとして作成するなど、状況に応じて使い分けることが必要です。

なお、スタイルを作成する際、[書式から新しいスタイルを作成] ダイアログボックスの [変更] をクリックしないで [OK] をクリックすると、リンクスタイルとして作成されます。

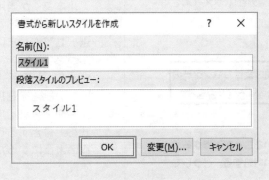 リンクスタイルとして登録されます。

LESSON 3 | スタイルを更新する

スタイルの書式を変更して更新すると、そのスタイルを適用していたすべての箇所の書式が変更されます。更新を使えば文書の修正や変更を非常に効率よく行うことができます。

ここでは作成した "マニュアル本文" と "重要語句" の2つのスタイルを更新します。

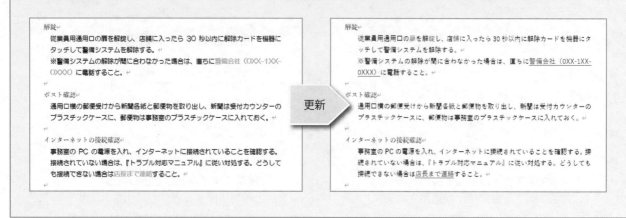

STEP 作成したスタイルを更新する

1 1ページ目の10行目から11行目を範囲選択します。

> 段落スタイル"マニュアル本文"が適用されている段落ならどこを選択してもかまいませんが、文字スタイル"重要語句"が適用されていない段落を選択します。文字スタイルの書式を上書きすることがないようにするためです。

2 [ホーム] タブの [フォント] ボックスの▼をクリックして、一覧から [游ゴシック] をクリックします。

3 ［レイアウト］タブの［左インデント］ボックスに「2」、［右インデント］ボックスに「1」と入力します。

→ 書式を変更できました。この後の操作でスタイル "マニュアル本文" はこの書式に更新されます。

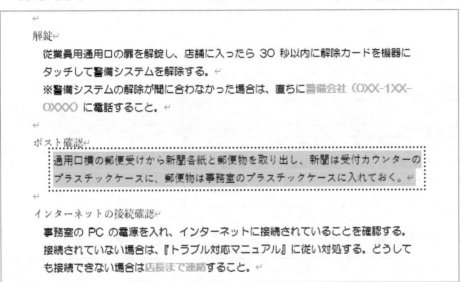

4 書式を変更した段落を選択した状態で、［ホーム］タブの［スタイル］ボックスの［マニュアル本文］を右クリックします。

→ ショートカットメニューが表示されます。

5 一覧から［選択個所と一致するように マニュアル本文 を更新する］をクリックします。

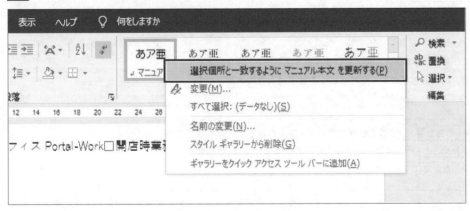

→ 段落スタイルを更新できました。

解錠
従業員用通用口の扉を解錠し、店舗に入ったら 30 秒以内に解除カードを機器にタッチして警備システムを解除する。
※警備システムの解除が間に合わなかった場合は、直ちに警備会社（0XX-1XX-0XXX）に電話すること。

ポスト確認
通用口横の郵便受けから新聞各紙と郵便物を取り出し、新聞は受付カウンターのプラスチックケースに、郵便物は事務室のプラスチックケースに入れておく。

インターネットの接続確認
事務室の PC の電源を入れ、インターネットに接続されていることを確認する。接続されていない場合は、『トラブル対応マニュアル』に従い対処する。どうしても接続できない場合は店長まで連絡すること。

プリンター（コピー機）のチェック
プリンターの電源が入っていることを確認し、用紙の補充と原稿台のガラス面、液晶タッチパネルの清掃を行う。電源が入らない、用紙が詰まって取り除くことができない場合は『トラブル対応マニュアル』および『PR-3000 マニュアル』を参考に対処すること。

段落スタイルの "マニュアル本文" が適用されていた、すべての段落が同じ書式に変わります。

6 下図の文字列の書式を変更し、同様の方法で文字スタイル "重要語句" を更新します。

・フォントの色：" 標準の色 " の " 赤 "
・［ホーム］タブの［下線］ボタンをクリックして " 下線 " を設定
・［ホーム］タブの［太字］ボタンをクリックして " 太字 " の設定を解除

解錠
従業員用通用口の扉を解錠し、ッチして警備システムを解除する。
※警備システムの解除が間に合わなかった場合は、直ちに警備会社（0XX-1XX-0XXX）に電話すること。

文字スタイル " 重要語句 " を更新

事務室の PC の電源を入れ、インターネットに接続されていることを確認する。接続されていない場合は、『トラブル対応マニュアル』に従い対処する。どうしても接続できない場合は店長まで連絡すること。

■ 清掃チェック
閉店後に清掃はされているが、清掃が行き届いているかをチェックし、汚れがある場合は清掃し消毒する。特にお客様がよく触れる以下の箇所は入念にチェックすること。

況を確認して「予約席」の札を置く。どのお客様がどのブースを希望しているかは全スタッフが把握しておくこと。予約管理システムの使用方法については『予約管理システムマニュアル』を参考にすること。

LESSON 4 | 見出しスタイルを利用する

Word にはあらかじめ用意された組み込みのスタイルがいくつかあります。それらにはすでに書式が登録されているので、自分で書式を登録しなくてもすぐに使用することができます。組み込みのスタイルの中でよく使用するものが**見出しスタイル**です。

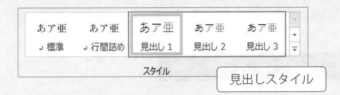

見出しスタイルはその他のスタイルとは異なり、書式を設定するだけでなく、その箇所が**文書の見出しとして扱われます**。"見出し1" が一番大きな見出しで、数字が大きくなっていくと見出しのレベルとしては小さくなっていきます。見出しにした段落を使用して目次を作成することができるなど、複数ページの文書を作成するときに役立ちます。

しかし、あらかじめ見出しスタイルに設定されている書式はフォントやフォントサイズなどのシンプルなもののため、**書式は自分で設定し直す**ことが多くなります。

ここでは、各業務の項目名に見出し2スタイルを適用し、その後、フォントやフォントの色、段落罫線や網かけの色を設定して、見出し2スタイルを更新する作業を学習します。

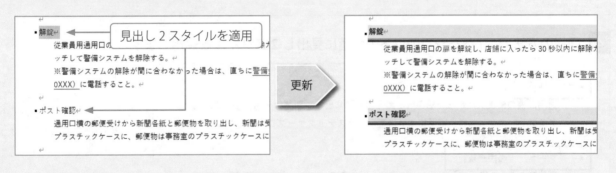

5

効率的に文書を修正する

STEP 見出し2スタイルを適用する

1 1ページ目の3行目の段落を範囲選択します。

```
•        シェアオフィス Portal-Work□開店時業務マニュアル↵

↵
解錠↵
        従業員用通用口の扉を解錠し、店舗に入ったら30秒以内に解除カードを機器にタ
        ッチして警備システムを解除する。↵
        ※警備システムの解除が間に合わなかった場合は、直ちに警備会社（0XX-1XX-
        0XXX）に電話すること。↵
```

2 ［ホーム］タブの［スタイル］ボックスの▼をクリックします。

→ 下の段のスタイルが表示されます。

3 ［見出し 2］をクリックします。

→ 選択していた段落に見出し 2 スタイルを適用できました。

> ・解錠
>
> 従業員用通用口の扉を解錠し、店舗に入ったら 30 秒以内に解除カードを機器にタッチして警備システムを解除する。
>
> ※警備システムの解除が間に合わなかった場合は、直ちに警備会社（0XX-1XX-0XXX）に電話すること。

見出しスタイルを適用
した段落には行頭に黒
い点が表示されます
が、これは印刷されま
せん。

4 同様の方法で、1 ページ目の以下の段落に見出し 2 スタイルを適用します。

> ・ポスト確認
>
> 通用口横の郵便受けから新聞各紙と郵便物を取り出し、新聞は受付カウンターのプラスチックケースに、郵便物は事務室のプラスチックケースに入れておく。
>
> ・インターネットの接続確認
>
> 事務室の PC の電源を入れ、インターネットに接続されていることを確認する。接続されていない場合は、『トラブル対応マニュアル』に従い対処する。どうしても接続できない場合は店長まで連絡すること。
>
> ・プリンター（コピー機）のチェック
>
> プリンターの電源が入っていることを確認し、用紙の補充と原稿台のガラス面、液晶タッチパネルの清掃を行う。電源が入らない、用紙が詰まって取り除くことができない場合は『トラブル対応マニュアル』および『PR-3000 マニュアル』を参考に対処すること。
>
> ・共用 PC のチェック
>
> 共用スペースにある PC の電源を入れ、すべての PC がインターネットに接続されていること、プリンターに接続されていることを確認する。PC に何らかのトラブルがある場合は『トラブル対応マニュアル』を参考にすること。
>
> ・ドリンクの準備
>
> ドリンクサーバーの受け皿を外して洗剤で洗う。

2 ページ目以降は、す
でに見出し 2 スタイル
を適用した状態になっ
ています。

STEP 見出し 2 スタイルの書式を更新する

1 1ページ目の 3 行目の段落を範囲選択します。

> ▪ 解錠↵
>
> 　　従業員用通用口の扉を解錠し、店舗に入ったら 30 秒以内に解除カードを機器にタ
> 　ッチして警備システムを解除する。↵
> 　　※警備システムの解除が間に合わなかった場合は、直ちに警備会社（0XX-1XX-
> 　0XXX）に電話すること。↵
> 　　↵

2 以下の書式を設定します。

> ・フォント：" 游ゴシック "
> ・フォントの色：" テーマの色 " の " 青、アクセント 1、黒 + 基本色 50% "
> ・［ホーム］タブの［太字］ボタンをクリックして " 太字 " を設定

3 ［ホーム］タブの［罫線］ボタンの▼をクリックします。

→ 罫線の一覧が表示されます。

4 ［線種とページ罫線と網かけの設定］をクリックします。

5

効率的に文書を修正する

→ ［線種とページ罫線と網かけの設定］ダイアログボックスの ［罫線］タブが表示されます。

5 ダイアログボックス左側の ［種類］の ［指定］をクリックします。

6 ダイアログボックス中央の ［種類］ボックスから下図の罫線をクリックします。

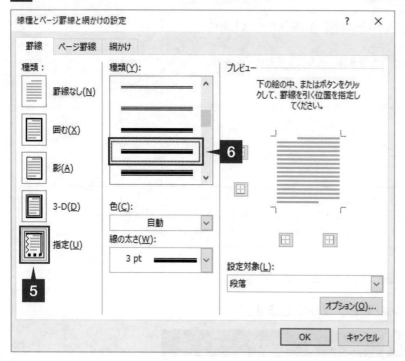

7 ［色］ボックスの ⌄ をクリックして、一覧から ［テーマの色］の ［青、アクセント 1、黒 + 基本色 25%］をクリックします。

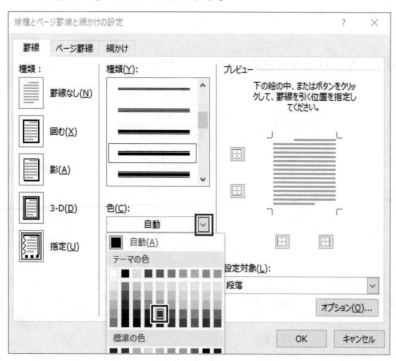

8 ［プレビュー］の［下側の横線］のボタンをクリックします。

→ 選んだ線種と色で［プレビュー］の下側に罫線が引かれます。

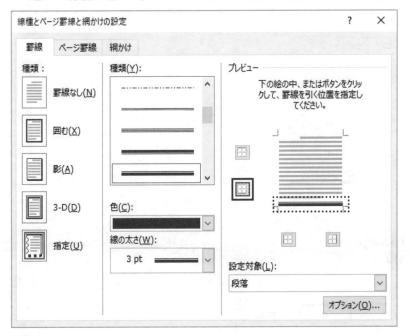

9 ［網かけ］タブをクリックします。

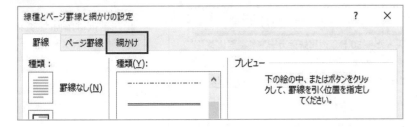

10 ［背景の色］ボックスの ✓ をクリックして、一覧から［テーマの色］の［青、アクセント 1、白 + 基本色 80%］をクリックします。

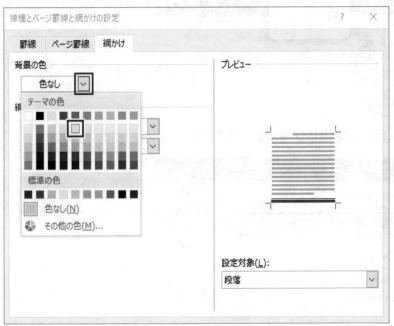

11 [OK] をクリックします。

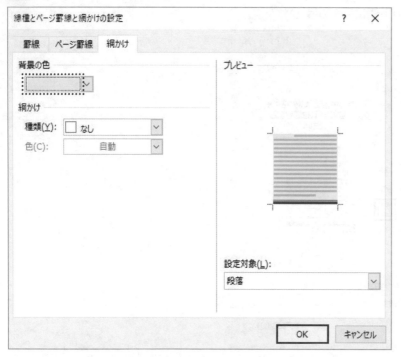

→ 見出し2スタイルを更新するための書式が設定できました。

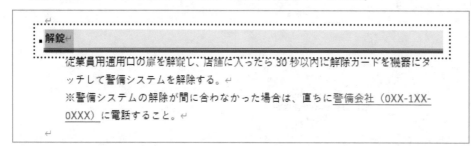

範囲選択は解除せず次
の操作へ進みます。

12 [ホーム] タブの [スタイル] ボックスの [見出し2] を右クリックします。

→ ショートカットメニューが表示されます。

13 一覧から [選択個所と一致するように 見出し2を更新する] をクリックします。

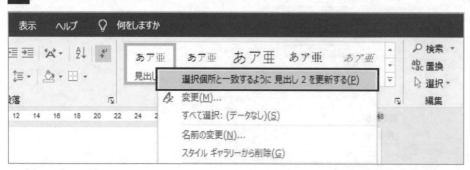

→ 見出し2スタイルの書式が更新され、文書内の他の見出し2の箇所も一度に同じ書式に変わりました。

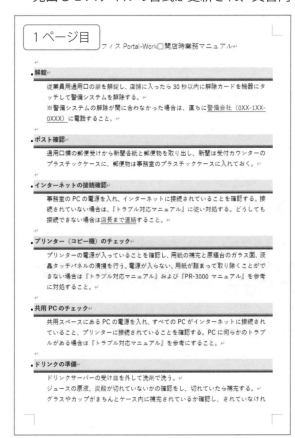

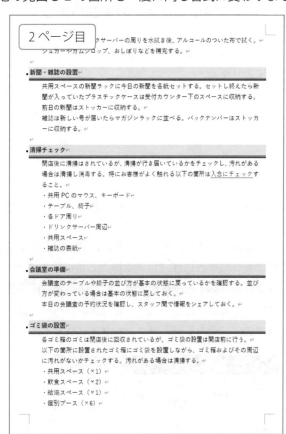

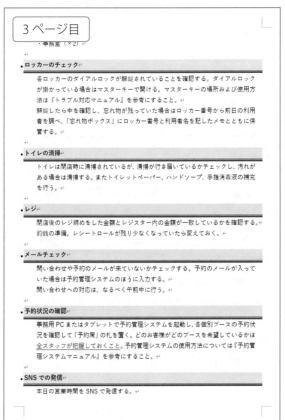

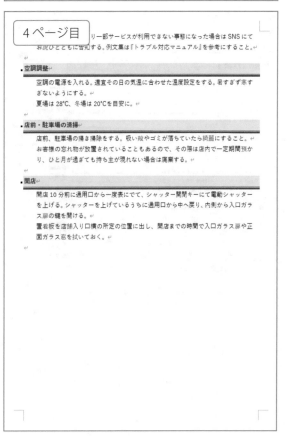

14 文書「Chap5_開店時業務マニュアル」を上書き保存して閉じます。

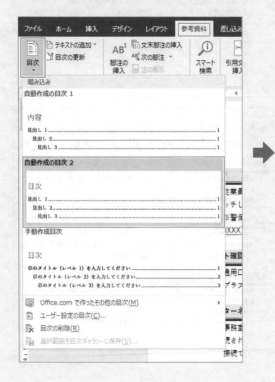 One Point　更新したはずの書式が正しく反映されない場合

スタイルの書式を更新した際、操作上の誤りはないにも関わらず、正しく結果が反映されないことがまれにあります。

この場合は、その段落を選択して［ホーム］タブの［スタイル］ボックスの一覧から該当のスタイル名をクリックし、スタイルを再設定することで修正されます。

One Point　見出しスタイルを基に目次を作成するには

見出しスタイルを設定していると、その段落を基に目次を簡単に作ることができます。

目次を作成するには、目次を挿入したい位置にカーソルを移動し、［参考資料］タブの［目次］ボタンをクリックして、一覧から挿入したい目次の種類をクリックします。

また、このようにして挿入した目次は、ページ数や見出しの文字列に変更があった場合も、［参考資料］タブの［目次の更新］ボタンをクリックすることで最新の状態に更新することができます。

学習の
まとめ | **CHAPTER 5 章末練習問題**

【章末練習問題1】デスクライト取扱説明書

📁 スクール応用_Word 2019 ▶ 📁 CHAPTER5 ▶ 📁 章末練習問題 ▶ W「Chap5_ デスクライト取扱説明書」

1️⃣ 文書「Chap5_ デスクライト取扱説明書」を開きましょう。

2️⃣ 文書内から"スイッチ"という文字列を検索しましょう。

3️⃣ 文書内の"DL-DTS"の文字列を"DL-LED"に置き換えましょう。

4️⃣ 文書内の"★"の文字を"●"に置き換えましょう。その際に以下のように書式を設定しましょう。
   - フォントサイズ:"9pt"
   - フォントの色:"標準の色"の"濃い青"
   ※"★"は「ほし」、"●"は「まる」と入力して変換すると表示できます。

5️⃣ 文書内の"赤"の文字列の書式を"黒"の"太字"に置き換えましょう。
   ※赤色は"標準の色"の"赤"に設定されています。
   ※黒色は"自動"、または"黒、テキスト1"を使用します。

6️⃣ 9行目の"電源について"の段落を基に見出し2スタイルを更新しましょう。

7️⃣ 文書内の"照明の点灯・調光"、"お手入れ方法"、"仕様"の各段落に見出し2スタイルを適用しましょう。

8️⃣ 見出し2スタイルが適用されている段落を任意に1箇所選択し、"太字"に変更して、見出し2スタイルを更新しましょう。

9️⃣ 文書を上書き保存して閉じましょう。

<完成例>

取扱説明書↵

↵

DL-LED（-USB）01（W）↵

↵

LED デスクライト↵

－ご使用方法－↵

電源について↵

●付属の USB ケーブルを本体に接続し、もう一方の端子をパソコンや USB アダプター
に接続します（**DL-LED-USB シリーズ**）。↵

●本体の電源ケーブルをコンセントに接続します（**DL-LED シリーズ**）。↵

↵

↵

照明の点灯・調光↵

●本体の主電源スイッチを ON にします。↵

●ON/OFF スイッチに触れると照明が点灯します。↵

●調光スイッチの＋と－で明るさを調整できます（**DL-LED-USB シリーズ**）。↵

↵

↵

お手入れ方法↵

●お手入れの際は安全のために電源を切ってください。↵

●汚れがひどい場合は中性洗剤を薄めた水にやわらかい布を浸して絞り、よくふき取って
ください。↵

●シンナーやベンジンなどでは拭かないでください。変質、変色、破損の原因となります。↵

↵

↵

仕様↵

品　番↵	DL-LED（-USB）↵	↵
光　源↵	LED↵	↵
重　量↵	約 400g↵	↵
付属品↵	USB ケーブル（DL-LED-USB シリーズ）↵	↵

↵

【章末練習問題 2】 ホテル利用案内（スタイル）

▚ スクール応用 _Word 2019 ▶ ▚ CHAPTER5 ▶ ▚ 章末練習問題 ▶ Ⓦ「Chap5_ ホテル利用案内（スタイル）」

1 文書「Chap5_ ホテル利用案内（スタイル）」を開きましょう。

2 1ページ目の文字列 "15:00" に設定されている書式を基にして、"時刻強調" という名前の文字スタイルを新規に作成しましょう。

3 作成した "時刻強調" スタイルを、6行目 "10:00"、10行目 "7:00 ～ 9:00"、22行目 "18:00 ～ 22:00" に適用しましょう。

4 1ページ目の表題 "ホテル　レイクパークイン　ご案内" の段落に設定されている書式を基にして、見出し1スタイルを更新しましょう。

5 1ページ目の "■チェックイン / チェックアウト" の段落に設定されている書式を基にして、見出し2スタイルを更新しましょう。

6 "■チェックイン / チェックアウト" と同様の各項目（例：■ご朝食、■ルームキ―）に、見出し2スタイルを適用しましょう。

　※1ページ目から2ページ目までのすべての該当箇所に適用します。

7 "時刻強調" スタイルが適用されている文字列を任意に1箇所選択し、フォントを "游ゴシック"、フォントの色を "標準の色" の "青" に変更し、太字は解除して "斜体" を設定しましょう。書式の変更後、"時刻強調" スタイルを更新しましょう。

8 見出し2スタイルが適用されている段落を任意に1箇所選択し、文字揃えを "中央揃え" に変更して、見出し2スタイルを更新しましょう。

9 見出し1スタイルが適用されている段落を選択し、フォントサイズを "18pt"、段落後の間隔を "1行" に変更して、見出し1スタイルを更新しましょう。

　※段落後の間隔は［レイアウト］タブの［間隔］の［後］ボックスで設定します。

　※文書内には、その他に見出し1スタイルを適用している箇所はありませんが、後で見出し1スタイルを使用する可能性も考慮してスタイルを更新しています。スタイルの書式を変更したときは忘れないうちに更新しておくほうがよいでしょう。

10 文書を上書き保存して閉じましょう。

＜完成例＞

ホテル　レイクパークイン　ご案内

本日は当ホテルをご利用いただきまして誠にありがとうございます。

■チェックイン/チェックアウト

当ホテルのチェックイン時間は *15:00*、チェックアウト時間は *10:00* となっております。チェックアウト時間を過ぎる場合はフロント（7番）までご連絡ください。

■ご朝食

ご朝食は1階のレストラン『レイクサイド』にてご用意しております。ご提供時間は *7:00〜9:00* となります。ご朝食のお申し込みはフロント（7番）でも受け付けております。

■ルームキー

ドアのセンサーにルームキーをタッチするとお部屋の鍵が開きます。ご客室は自動ロックになっておりますので、お部屋から出られる際は必ずルームキーをお持ちください。ホテルから外出される際はルームキーをフロントにお預けください。

■エレベーター

エレベーターご利用の際は、ボタン横のセンサーにルームキーをタッチしてください。

■ルームサービス

ルームサービスは *18:00〜22:00* のお時間でお受付可能です。ご予約・お申込みはレストラン『レイクサイド』内線（55番）またはフロント内線（7番）まで。

■貴重品

貴重品はフロントにお預けください。それ以外のものの紛失、盗難等につきましては責任を負いかねます。

■非常口

…ます。非常口の位置は必ずご確認ください。

■モーニングコール

…0」をプッシュした後、ガイダンスに沿ってセットしてください。
…1」をプッシュしてください。

■アメニティ

アメニティ一式はお部屋にご用意してございます。追加や不足がおありの際はフロント（7番）までご連絡ください。

■自動販売機/製氷機/電子レンジ

お飲み物の自動販売機および製氷機は1階ロビー、4階エレベーターホール左手にございます。電子レンジは4階自動販売機横にございます。

■コインランドリー/ズボンプレッサー

コインランドリーは1階エレベーターホール右手にございます。
ズボンプレッサーは各階エレベーターホールにご用意してございます。

■館内電話番号のご案内

フロント ……………………………………7番
レストラン『レイクサイド』………55番

差し込み印刷の
文書を作成する

相手によって内容の一部が異なる文書を作りたいときや、住所や
氏名などを印字した宛名ラベルを作りたいときは、差し込み印刷
機能を利用します。

6-1 差し込みレターを作成する

相手によって文書の特定の箇所を書き換えて印刷したい場合、1つ1つ文書を作り直すのはかなり面倒です。ここでは、このような場面で役立つ機能を学習します。

LESSON 1 差し込みレターとは

差し込み印刷とは、文書内の自由な位置に、別のファイルで用意したデータを読み込んで印刷する機能です。例えば、渡す相手の名前を記載してその部分だけが異なる文書を簡単に作ることができます。

基となる文書を差し込みレター、文書に差し込むデータをまとめたファイルをデータファイルと呼びます。

差し込み印刷のイメージ

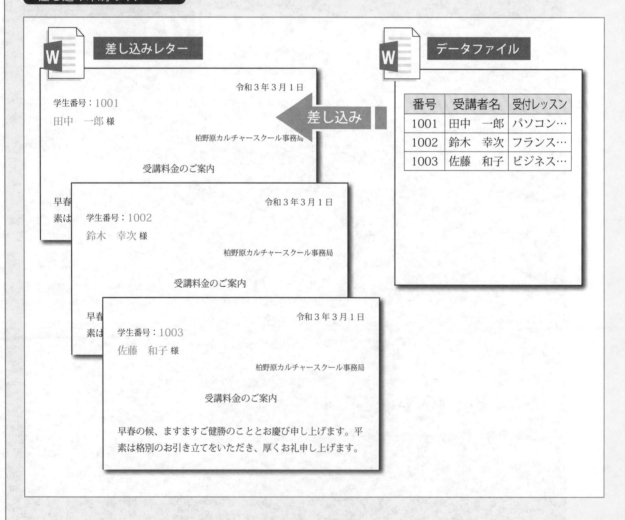

LESSON 2 | 差し込み用のデータファイルを準備する

差し込みレターを作成するには、文書に差し込むためのデータファイルの作成が必要です。データファイルは新規に作成しても、既存の文書を使ってもどちらでもかまいません。

データファイルは主に表の形式で作成しますが、このときの表は見た目が綺麗に整っている必要はありません。読み込むデータが正しく入力されていることが重要です。今回は、データの入力がしやすいように、入力した文字列の長さに合わせて列幅が自動的に広がる設定で表を作成します。

データファイルとして作成する表

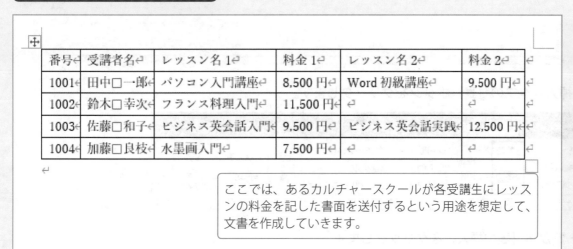

番号	受講者名	レッスン名1	料金1	レッスン名2	料金2
1001	田中□一郎	パソコン入門講座	8,500 円	Word 初級講座	9,500 円
1002	鈴木□幸次	フランス料理入門	11,500 円		
1003	佐藤□和子	ビジネス英会話入門	9,500 円	ビジネス英会話実践	12,500 円
1004	加藤□良枝	水墨画入門	7,500 円		

> ここでは、あるカルチャースクールが各受講生にレッスンの料金を記した書面を送付するという用途を想定して、文書を作成していきます。

STEP 差し込み用のデータファイルを準備する

1 ［ファイル］タブの［新規］をクリックして［白紙の文書］をクリックします。

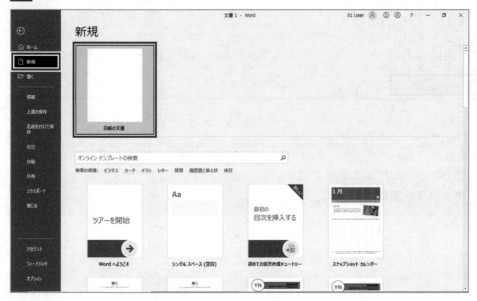

> Word を起動した直後など、左図とは異なる位置に［白紙の文書］が表示されている場合もあります。

6

差し込み印刷の文書を作成する

→ 新規の白紙の文書が表示されます。

2 ［挿入］タブの［表］ボタンをクリックします。

3 一覧から［表の挿入］をクリックします。

データファイルには
データとなる表以外は
何も入力しないように
します。したがって表
のタイトルなども入力
しません。

→ ［表の挿入］ダイアログボックスが表示されます。

4 ［表のサイズ］の［列数］ボックスに「6」と入力します。

5 ［表のサイズ］の［行数］ボックスに「2」と入力します。

6 ［自動調整のオプション］の［文字列の幅に合わせる］をクリックします。

7 ［OK］をクリックします。

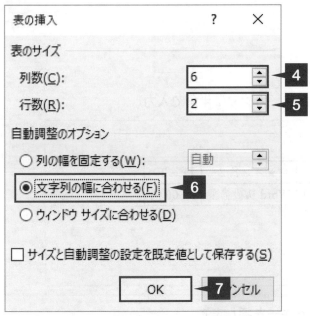

→ 6列2行の表が挿入されます。この表に差し込み用のデータを入力します。

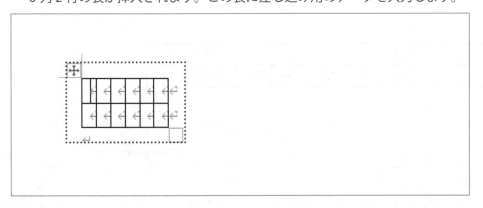

8 カーソルのあるセル（左上のセル）に下図のように入力します。

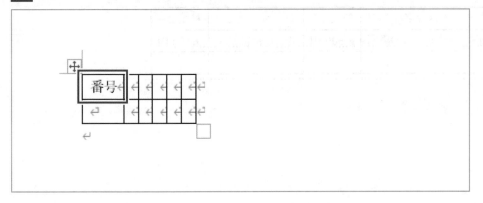

💬 入力した文字列の幅に合わせて列の幅が自動的に広がります。

9 Tab キーまたは→キーを押して隣のセルにカーソルを移動します。

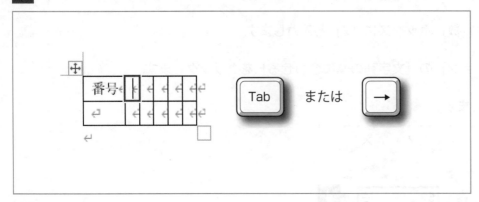

10 下図のようにセルにデータを入力します（英数字、カンマは半角で入力）。

番号	受講者名	レッスン名 1	料金 1	レッスン名 2	料金 2
1001	田中□一郎	パソコン入門講座	8,500 円	Word 初級講座	9,500 円

11 表内の最後のセルにカーソルがある状態で Tab キーを押します。

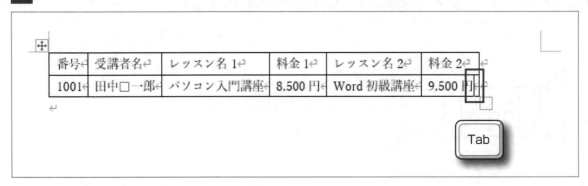

→ 新しい行が追加されます。

番号	受講者名	レッスン名 1	料金 1	レッスン名 2	料金 2
1001	田中□一郎	パソコン入門講座	8,500 円	Word 初級講座	9,500 円

12 同様の方法で、下図のようにセルにデータを入力します。

番号	受講者名	レッスン名1	料金1	レッスン名2	料金2
1001	田中□一郎	パソコン入門講座	8,500 円	Word 初級講座	9,500 円
1002	鈴木□幸次	フランス料理入門	11,500 円		
1003	佐藤□和子	ビジネス英会話入門	9,500 円	ビジネス英会話実践	12,500 円
1004	加藤□良枝	水墨画入門	7,500 円		

13 ［ファイル］タブの［名前を付けて保存］をクリックして、［参照］をクリックします。

→ ［名前を付けて保存］ダイアログボックスが表示されます。

14 保存する場所を［スクール応用 _Word2019］の［CHAPTER6］に設定します。

15 ［ファイル名］ボックスに「レッスン受付一覧表」と入力して、［保存］をクリックします。

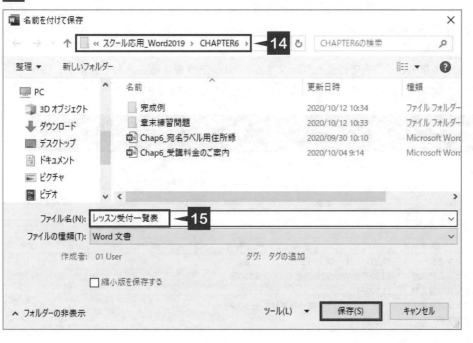

16 ［ファイル］タブの［閉じる］をクリックします。

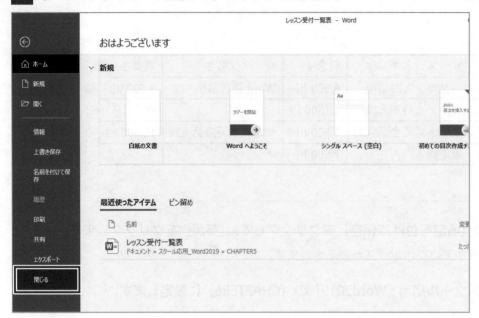

文書に差し込むための
データファイルは、差
し込み印刷を実行する
前に閉じておく必要が
あります。

OnePoint　Word 以外のデータファイル

本書では、データファイルを Word の表で作成していますが、Excel で作成することもできます。Excel
でデータファイルを作る場合も、必要なデータ以外は何も入力しないようにします。

LESSON 3 ｜ 文書を差し込みレターに変換する

差し込み印刷の基となる**差し込みレター**は、標準の文書から変換する必要があります。差し込みレターに変換しても画面上はまったく変化がありませんが、この操作を行うことで、データファイルの指定と差し込みフィールドの配置が行えるようになります。

差し込み印刷の流れ

文書を差し込みレターに変換する ▸ データファイルを指定する ▸ 差し込みフィールドを配置する ▸ 印刷を実行する

STEP 文書を差し込みレターに変換する

1 実習用データの文書「**Chap6_ 受講料金のご案内**」を開きます。

📁 スクール応用 _Word 2019 ▸ 📁 CHAPTER6 ▸ 🟦「Chap6_ 受講料金のご案内」

実習用データはインターネットからダウンロードできます。詳細は本書の P.（4）に記載されています。

2 ［差し込み文書］タブの［差し込み印刷の開始］ボタンをクリックします。

3 一覧から［レター］をクリックします。

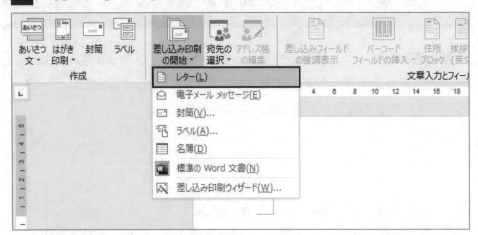

［レター］をクリックするまでは［標準の Word 文書］に設定されています。

→ 文書を差し込みレターに変換できました。

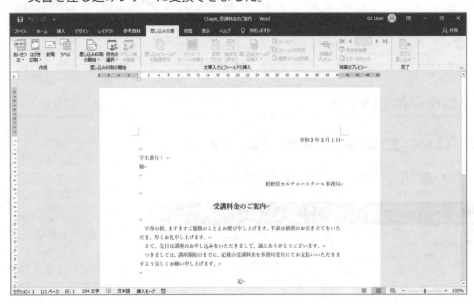

画面上はまったく変化がありませんが、文書が差し込みレターに変換されています。この後データファイルを指定します。

OnePoint 標準の Word 文書に戻すには

差し込みレターとして使わなくなったときは、［差し込み文書］タブの［差し込み印刷の開始］ボタンをクリックし、一覧から［標準の Word 文書］をクリックして通常の文書の状態に戻します。

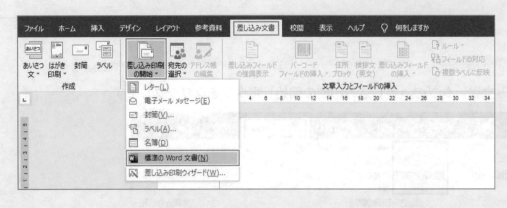

LESSON 4 | データファイルを指定する

文書を差し込みレターに変換すると、データファイルを指定できるようになります。ただし、データファイルを指定しただけでは差し込み印刷の効果を確認することはできません。次の「LESSON5 差し込みフィールドを配置する」の操作を行うことで、データファイル内のデータが文書に表示されるようになります。データファイルの指定はその準備となる操作です。

STEP データファイルを指定する

1 ［差し込み文書］タブの［宛先の選択］ボタンをクリックします。

2 一覧から［既存のリストを使用］をクリックします。

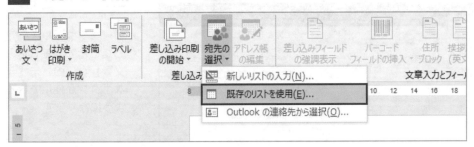

→［データファイルの選択］ダイアログボックスが表示されます。

💬 初期設定では［ドキュメント］フォルダーの中の「My Data Sources」フォルダーが開きます。

6

差し込み印刷の文書を作成する

3 ［ドキュメント］をクリックします。

4 ［スクール応用 _Word2019］の［CHAPTER6］フォルダーを開きます。

5 データファイル［レッスン受付一覧表］をクリックして、［開く］をクリックします。

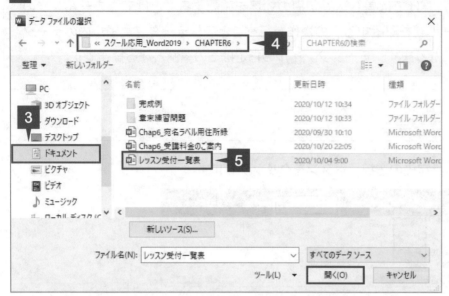

→ データファイルを指定できました。

データファイルを指定したことで［差し込み文書］タブのさまざまなボタンが使用できるようになります。

OnePoint　データファイルに Excel ブックを指定した場合

Excel ブックをデータファイルに指定した場合は［テーブルの選択］ダイアログボックスが表示されます。
Excel は 1 つのブック内に複数のワークシートが存在することがあるため、ここで利用したいワークシートを指定します。

LESSON 5 ｜ 差し込みフィールドを配置する

文書を差し込みレターに変換してデータファイルを指定したら、データファイルの内容を文書のどの位置に差し込むか、具体的な場所を決めます。データを差し込む位置には差し込みフィールドという特殊な要素を配置します。

文書に差し込みフィールドを配置した例

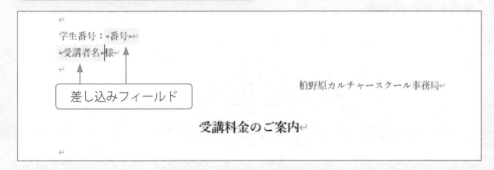

差し込みフィールドの一覧に表示される項目名は、データファイルの1行目の項目名です。
差し込みフィールドの挿入直後はその項目名が表示されているだけの状態ですが、実際にはその内容（2行目以下）のデータが印刷されます。

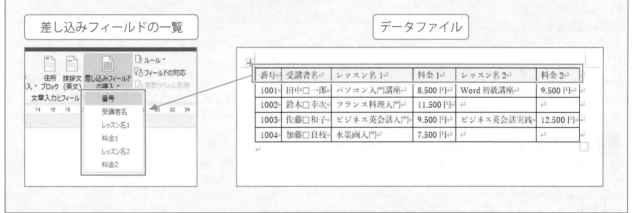

STEP ▶ 差し込みレターに差し込みフィールドを配置する

1 3行目の下図の位置にカーソルを移動します。

2 ［差し込み文書］タブの［差し込みフィールドの挿入］ボタンの▼をクリックします。

→ 差し込みフィールドの一覧が表示されます。

3 一覧から［番号］をクリックします。

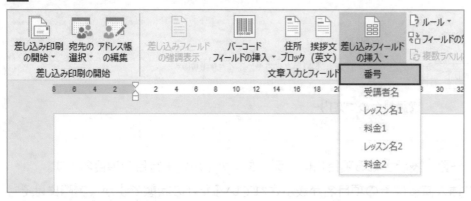

→ カーソルの位置に"番号"の差し込みフィールドが配置されます。

学生番号 «番号»
様

柏野原カルチャースクール事務局

4 4行目の下図の位置にカーソルを移動します。

5 同様の方法で、"受講者名"の差し込みフィールドを配置します。

6 同様の方法で、19 行目に " レッスン名 1" の差し込みフィールドを配置します。

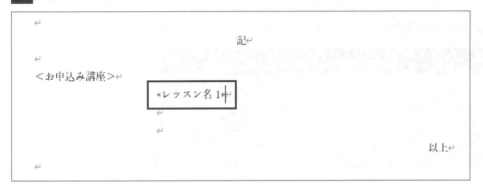

7 Tab キーを押して、タブを入力します。

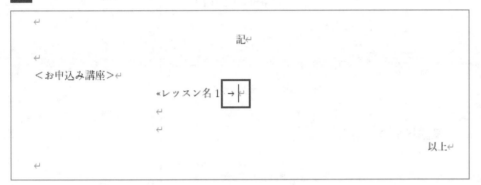

スペースキーを押して
空白文字などで間隔を
設定してもかまいませ
ん。

→ タブが入力され、間隔が空きます。

8 " 料金 1" の差し込みフィールドを配置します。

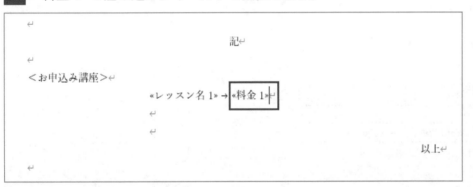

6

差し込み印刷の文書を作成する

9 同様の方法で、21 行目に " レッスン名 2" と " 料金 2" の差し込みフィールドを配置します。

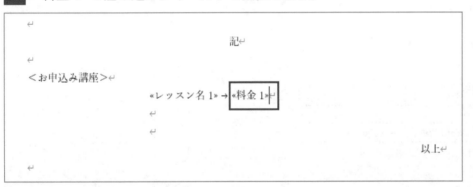

→ 差し込みレターに差し込みフィールドを配置できました。

STEP ▶ 差し込みフィールドの配置結果を確認する

1 ［差し込み文書］タブの［結果のプレビュー］ボタンをクリックします。

→ データファイルの表の 2 行目のデータが各差し込みフィールドに表示されます。

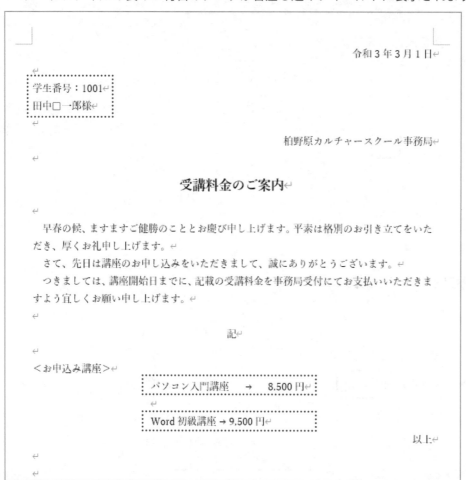

2 ［差し込み文書］タブの［次のレコード］ボタンをクリックします。

1 件のデータをレコードと呼びます。

→ 2件目のレコードが表示されます。

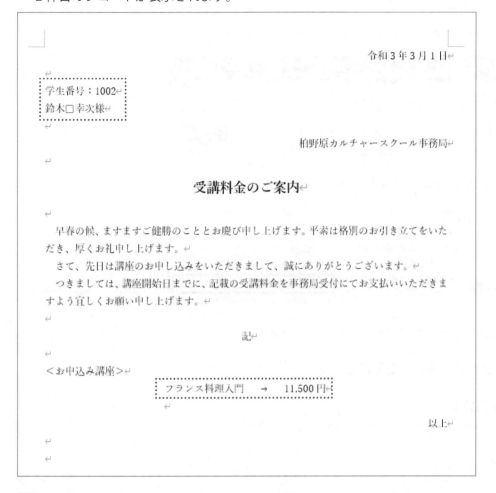

データが存在しない行
は表示されません。

3 最後のレコードが表示されるまで［次のレコード］ボタンをクリックします。

4 ［先頭のレコード］ボタンをクリックして、最初のレコードに戻ります。

→ 差し込みフィールドの配置結果をすべて確認できました。

差し込みレターを印刷する

1 ［差し込み文書］タブの［完了と差し込み］ボタンをクリックします。

2 一覧から［文書の印刷］をクリックします。

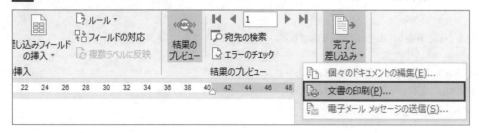

→ ［プリンターに差し込み］ダイアログボックスが表示されます。

3 ［すべて］が選択されていることを確認します。

4 ［OK］をクリックします。

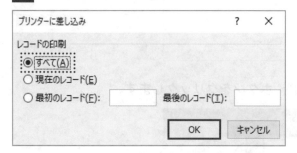

→ ［印刷］ダイアログボックスが表示されます。

特定のレコードだけを
印刷したい場合はここ
で指定します。

5 必要に応じて印刷の設定をして、［OK］をクリックします。

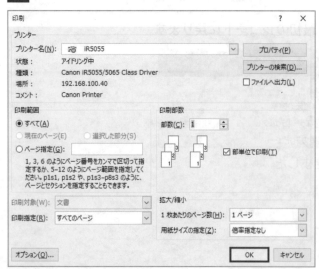

印刷しない場合は
［キャンセル］をクリッ
クします。

→ 差し込みレターを印刷できました。

STEP 差し込みレターを開くときのメッセージを確認する

1 クイックアクセスツールバーの［上書き保存］ボタンをクリックします。

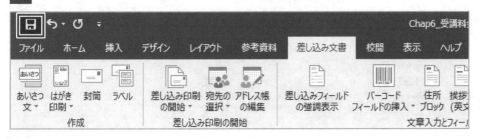

2 ［ファイル］タブの［閉じる］をクリックします。

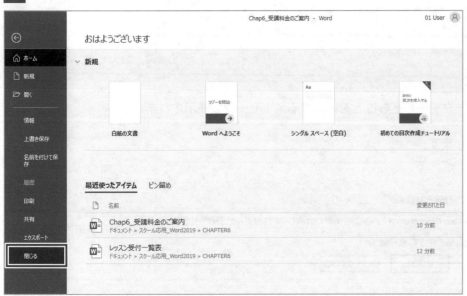

→ 文書「Chap6_ 受講料金のご案内」が閉じます。

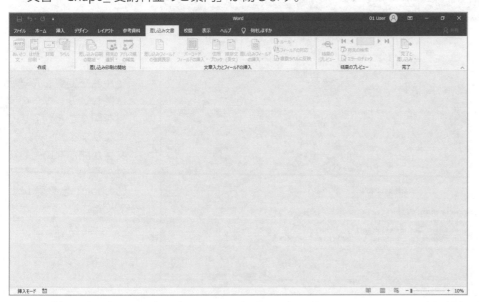

3 ［ファイル］タブの［最近使ったアイテム］から「Chap6_ 受講料金のご案内」をクリックします。

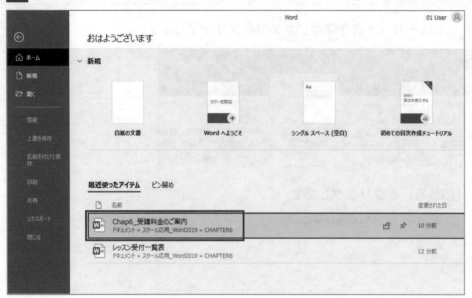

→ データファイルからデータを差し込むことを確認するメッセージが表示されます。

4 ［はい］をクリックします。

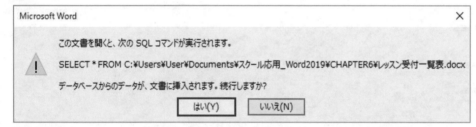

=
差し込みレターを開く際は必ずこのメッセージが表示されます。

→ 差し込みレターを開くことができました。

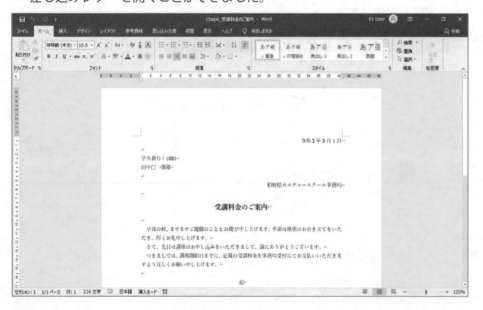

=
データファイルをフォルダーから移動または削除した場合や、ファイル名を変更した場合は差し込みレターの文書を開くことができなくなります。
文書が開かないときの対処法は次ページのOnepointを参考にしてください。

5 ［ファイル］タブの［閉じる］をクリックして、文書「Chap6_ 受講料金のご案内」を閉じます。

OnePoint　"データファイルが見つかりません"と表示された場合

"データファイルが見つかりません"というメッセージが表示され、差し込みレターを開く操作が中断した場合は、以下のような流れで対応します。

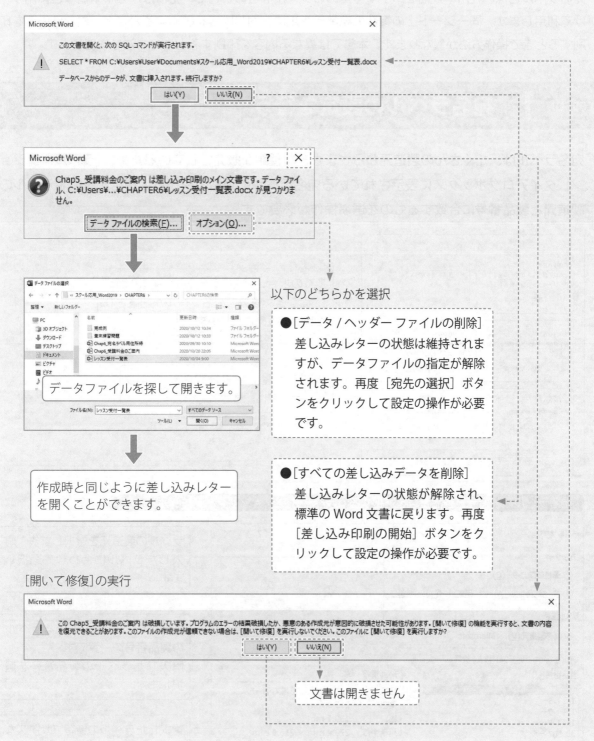

以下のどちらかを選択

●[データ / ヘッダー ファイルの削除]
　差し込みレターの状態は維持されますが、データファイルの指定が解除されます。再度［宛先の選択］ボタンをクリックして設定の操作が必要です。

●[すべての差し込みデータを削除]
　差し込みレターの状態が解除され、標準の Word 文書に戻ります。再度［差し込み印刷の開始］ボタンをクリックして設定の操作が必要です。

データファイルを探して開きます。

作成時と同じように差し込みレターを開くことができます。

[開いて修復]の実行

文書は開きません

差し込み印刷の文書を作成する

6

6-2 宛名ラベルを作成する

宛名ラベルとは、住所や氏名を印字するためのシールなどのことで、主にはがきや封筒などに貼り付けて利用します。同一シート上の複数の宛名ラベルに、同じ内容を印刷するときと、異なる内容を印刷するときで操作方法が異なります。本書では異なる内容を印刷するときの方法を学習します。

LESSON 1 | 宛名ラベルの設定を行う

宛名ラベルは、たくさんの製造元からさまざまな種類が販売されているため、[ラベルオプション]ダイアログボックスに表示されている宛名ラベルの規格の中から、使用する宛名ラベルの製造元と製品番号に合致するものを選ぶ操作が必要です。

多くの場合、1枚のシートにつき10面や12面など、複数の宛名ラベルが配置された状態で販売されています。

製造元や製品番号は宛名ラベルのパッケージに記載されています。

宛名ラベルの製造元と製品番号を選択する[ラベルオプション]ダイアログボックス

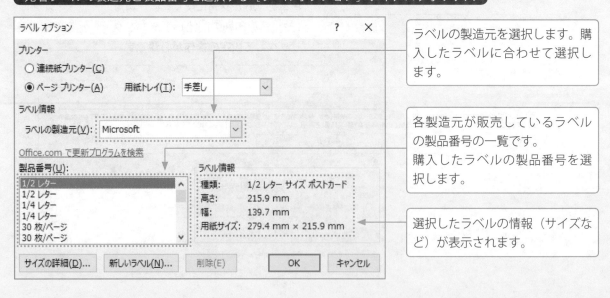

ラベルの製造元を選択します。購入したラベルに合わせて選択します。

各製造元が販売しているラベルの製品番号の一覧です。
購入したラベルの製品番号を選択します。

選択したラベルの情報(サイズなど)が表示されます。

STEP 使用する宛名ラベルの製造元と製品番号を指定する

1 ［ファイル］タブの［新規］をクリックして［白紙の文書］をクリックします。

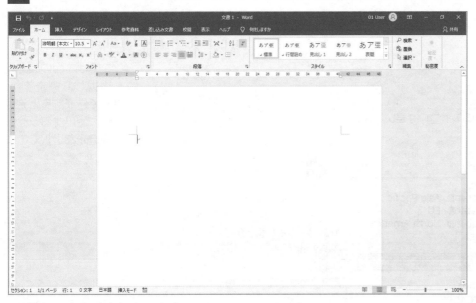

→ 新しい文書が表示されます。

2 ［差し込み文書］タブの［差し込み印刷の開始］ボタンをクリックします。

3 一覧から［ラベル］をクリックします。

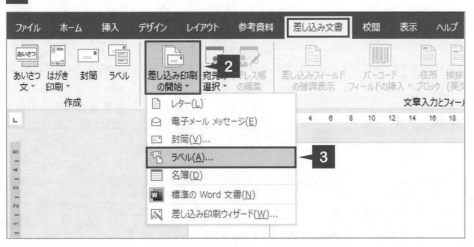

→ ［ラベルオプション］ダイアログボックスが表示されます。

差し込み印刷の文書を作成する

6

4 ［ラベルの製造元］ボックスの ✓ をクリックします。

→ 製造元の一覧が表示されます

5 一覧から［A-ONE］をクリックします。

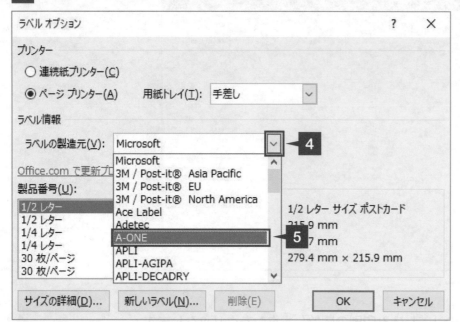

ここでは左図の製造元を選択していますが、自分で作成するときは実際に使用するラベルの製造元を選択してください。

6 ［製品番号］ボックスの一覧から［A-ONE 81001］をクリックします。

7 ［OK］をクリックします。

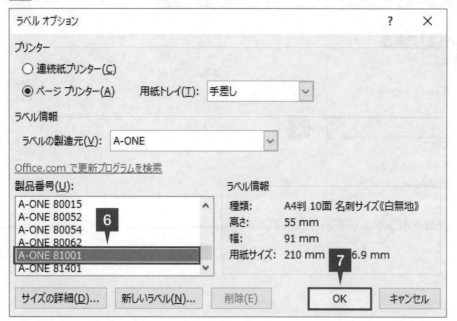

製品番号も、自分で作成するときは実際に使用するラベルのものを選択してください。

→ 使用する宛名ラベルの製造元と製品番号を指定し、規格に合わせた文書を表示できました。

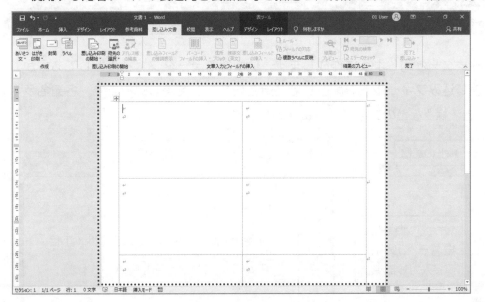

各宛名ラベルの区切り
を表すグリッド線が表
示されます。
このグリッド線は表
（罫線）の機能で引か
れています。
なお、この線は印刷さ
れません。

⏎OnePoint　**グリッド線が表示されない場合**

設定によってはグリッド線が表示されないことがあります。その場合は、［表ツール］の［レイアウト］
タブの［グリッド線の表示］ボタンをクリックします。

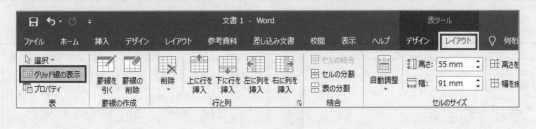

LESSON 2 | 宛名ラベルに差し込みフィールドを配置する

宛名ラベルは差し込みレターと同じように作成します。住所録をデータファイルとしてあらかじめ準備しておき、差し込みフィールドを配置して住所と氏名などを差し込みます。各宛名ラベルに共通する"〒"と"様"などの文字列は直接入力します。

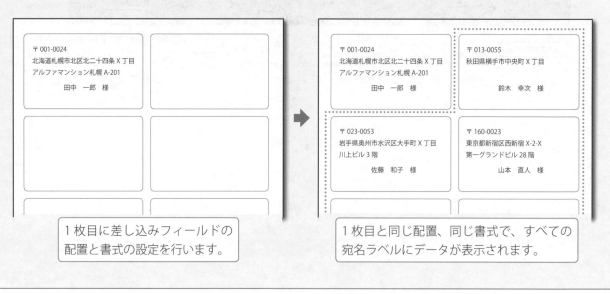

差し込みフィールドの配置や文字列の入力が終わったら、[複数ラベルに反映] ボタンをクリックして、その他の宛名ラベルにデータを表示するための複数ラベルに反映する操作を行います。この操作によって残りのラベルにも同じ内容が適用されます。1枚ずつ作成する必要はありません。

STEP データファイルを指定する

1 ［差し込み文書］タブの［宛先の選択］ボタンをクリックします。

2 一覧から［既存のリストを使用］をクリックします。

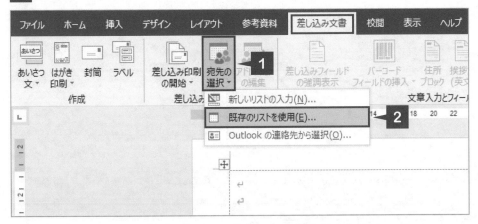

→ ［データファイルの選択］ダイアログボックスが表示されます。

3 ［ドキュメント］をクリックします。

4 ［スクール応用 _Word2019］の［CHAPTER6］フォルダーを開きます。

5 データファイル［Chap6_ 宛名ラベル用住所録］をクリックして、［開く］をクリックします。

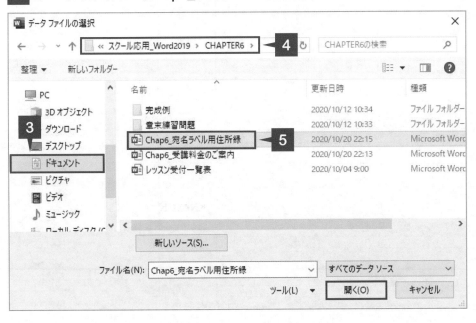

→ データファイルを指定できました。

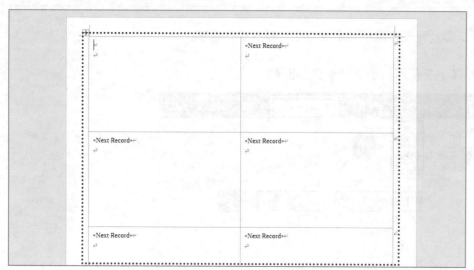

データファイルを指定
すると、左図のように
2枚目以降のラベルに
≪ Next Record ≫と表
示されます。

STEP 宛名ラベルに差し込みフィールドを配置する

1 2行目にカーソルを移動します。

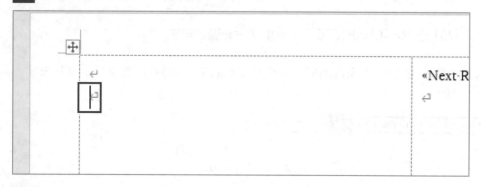

2 「ゆうびん」と入力し、"〒"に変換します。

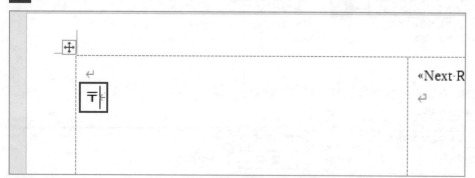

3 [差し込み文書] タブの [差し込みフィールドの挿入] ボタンの▼をクリックします。

4 一覧から［郵便番号］をクリックします。

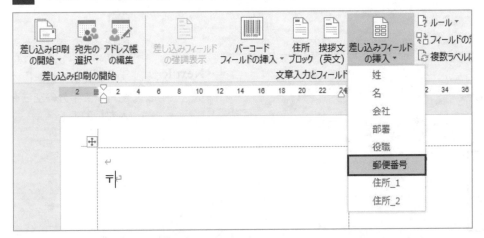

→ カーソルの位置に"郵便番号"の差し込みフィールドが配置されます。

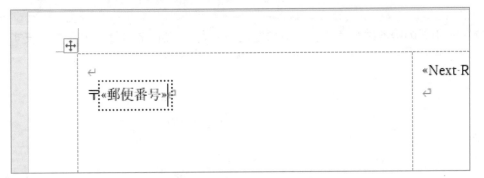

印刷時にはここに"郵便番号"の内容が印刷されます。

5 Enter キーを 2 回押して、2 行改行します。

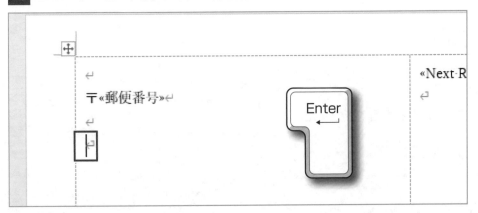

6 同様の方法で、"住所 _1"の差し込みフィールドを配置します。

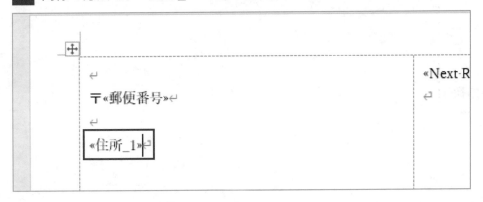

6

差し込み印刷の文書を作成する

7 同様の方法で、下図のように"住所_2"と"姓"、"名"の差し込みフィールドを配置します。

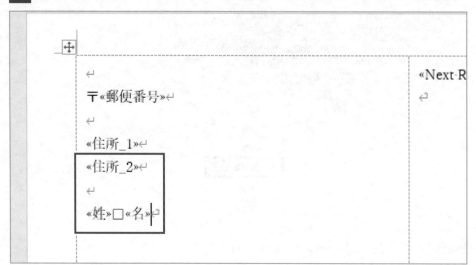

姓と名の差し込みフィールドの間には、スペースキーを押して全角1文字分の空白を入力します。

8 "名"の差し込みフィールドの後ろに全角1文字分の空白を入力し、続けて「様」と入力します。

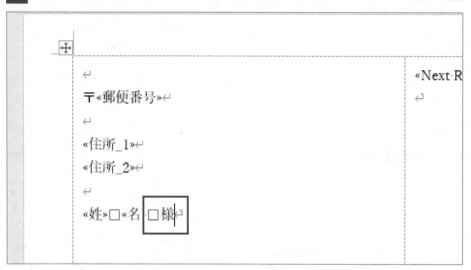

→ 宛名ラベルに差し込みフィールドを配置できました。

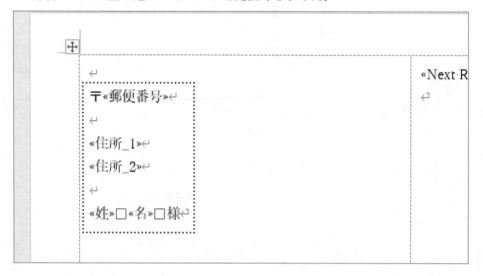

STEP 差し込みフィールドの配置結果を確認する

1 ［差し込み文書］タブの［結果のプレビュー］ボタンをクリックします。

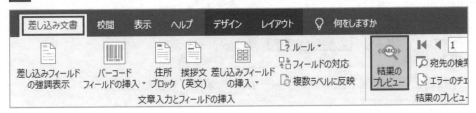

→ 差し込みフィールドに配置したデータを確認できました。

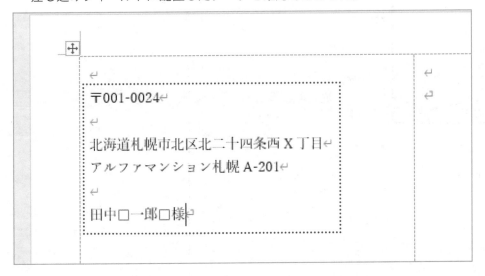

STEP 1枚目の宛名ラベルの内容をその他の宛名ラベルにも適用する

1 1枚目の宛名ラベル内にカーソルがあることを確認します。

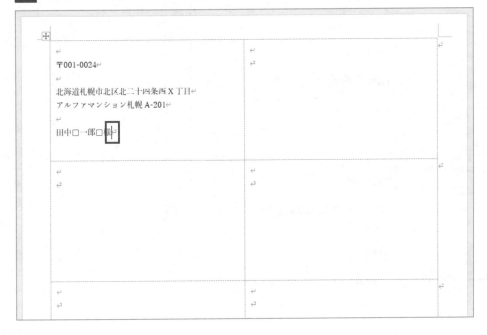

別の宛名ラベルにカーソルがある場合は、必ず1枚目の宛名ラベル内にカーソルを移動します。カーソルがある宛名ラベルの内容がすべてのラベルに適用されるためです。

2 ［差し込み文書］タブの ［複数ラベルに反映］ ボタンをクリックします。

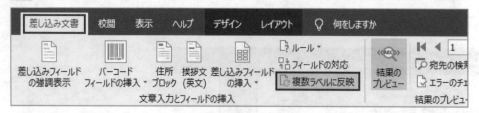

→ すべての宛名ラベルに、1 枚目と同じ配置で差し込みフィールドを適用できました。

〒001-0024

北海道札幌市北区北二十四条西 X 丁目
アルファマンション札幌 A-201

田中□一郎□様

〒013-0055

秋田県横手市朝日が丘 X 丁目

鈴木□幸次□様

〒023-0053

岩手県奥州市水沢区大手町 X 丁目
川上ビル 3 階

佐藤□和子□様

〒160-0023

東京都新宿区西新宿 X-2-X
第一グランドビル 28 階

山本□直人□様

〒320-0818

栃木県宇都宮市旭 X 丁目

今井□聡□様

〒460-0001

愛知県名古屋市中区三の丸 X 丁目

木下□裕子□様

〒540-0008

大阪府大阪市中央区大手前 X 丁目

中山□健二□様

〒680-0011

鳥取県鳥取市東町 X 丁目

広末□太一□様

〒770-0847

徳島県徳島市幸町 X 丁目

松村□健吾□様

〒812-0045

福岡県福岡市博多区東公園 1X 番
第 2 センタービル 1 階

安田□誠□様

LESSON **3** | 宛名ラベルの書式を変更する

差し込み印刷の機能を使って差し込んだデータも、通常の文字列と同様に書式設定を行うことができます。書式設定は1枚の宛名ラベル内で行い、設定後にその他のラベルへその変更内容を反映します。

ラベル内の文字の書式設定

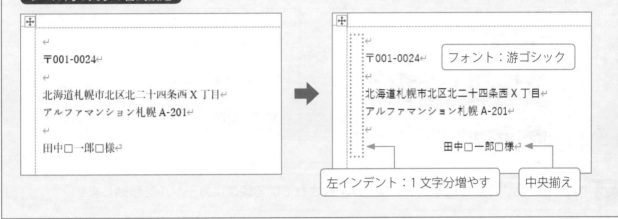

STEP 1枚目の宛名ラベル内の書式を変更する

1 1枚目の宛名ラベル内のすべての段落を範囲選択します。

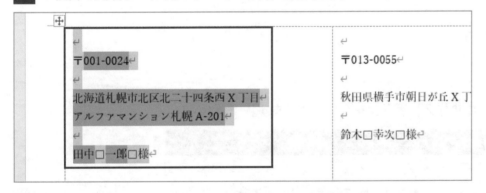

💬
差し込みフィールドの部分は、若干濃い灰色で表示されます。

2 [ホーム] タブの [フォント] ボックスの▼をクリックします。

3 一覧から [游ゴシック] をクリックします。

→ 1枚目の宛名ラベルのフォントが游ゴシックに変更されます。

6

差し込み印刷の文書を作成する

4 ［ホーム］タブの［インデントを増やす］ボタンをクリックします。

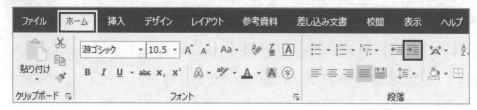

→ 左インデントを1文字分増やしたことで、宛名ラベルの左端の余白が広がります。

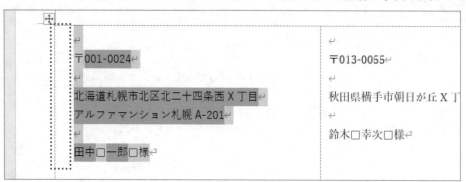

5 "姓"と"名"の差し込みフィールドが配置されている段落にカーソルを移動します。

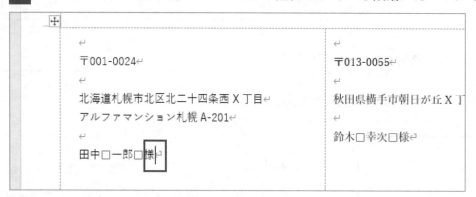

6 ［ホーム］タブの［中央揃え］ボタンをクリックします。

→ カーソルのある段落が中央揃えされ、1枚目の宛名ラベル内の書式を変更できました。

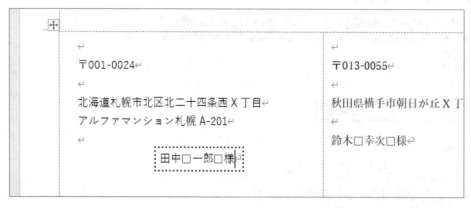

STEP 1枚目の宛名ラベルの書式設定をその他の宛名ラベルにも適用する

1 1枚目の宛名ラベル内にカーソルがあることを確認します。

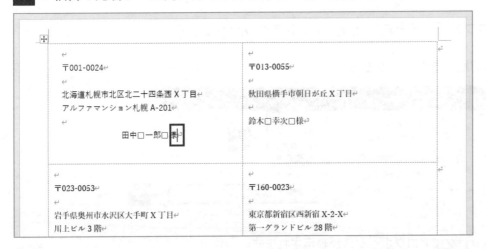

別の宛名ラベルにカーソルがある場合は、その宛名ラベルの書式がすべての宛名ラベルに適用されてしまいます。

2 ［差し込み文書］タブの［複数ラベルに反映］ボタンをクリックします。

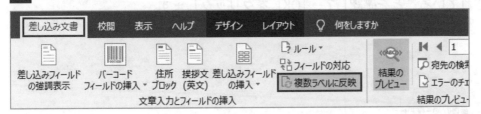

→ すべての宛名ラベルの書式を1枚目の宛名ラベルと同じように変更できました。

結果が正しく表示されない場合は、一度［結果のプレビュー］ボタンをクリックし、再度［結果のプレビュー］ボタンをクリックします。

6

差し込み印刷の文書を作成する

STEP 〉 宛名ラベルを印刷する

1 プリンターに宛名ラベル専用用紙をセットします（練習の場合は普通紙でもかまいません）。

2 ［差し込み文書］タブの［完了と差し込み］ボタンをクリックします。

3 一覧から［文書の印刷］をクリックします。

→ ［プリンターに差し込み］ダイアログボックスが表示されます。

4 ［すべて］が選択されていることを確認して、［OK］をクリックします。

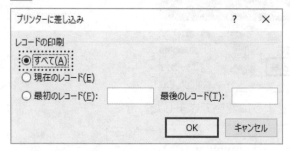

→ ［印刷］ダイアログボックスが表示されます。

5 必要に応じて印刷の設定をして［OK］をクリックします。

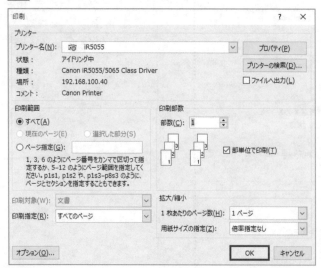

印刷しない場合は
［キャンセル］をクリッ
クします。

6 文書に「宛名ラベル練習」という名前を付けて保存し、文書を閉じます。

⊙ One Point すべて同じ内容のラベルを作成するには

自分の宛名ラベルや名刺、商品ラベルなど、同じ内容のラベルを複数印刷したいときは、新規文書を用意して [差し込み文書] タブの [ラベル] ボタンをクリックし、[封筒とラベル] ダイアログボックスの [ラベル] タブで必要な設定を行います。設定後、[新規文書] をクリックすれば、すべて同じ内容のラベルが配置された文書が作成できます。その後、書式などを整えて完成させます。

自由に文字列を入力できます。宛先以外の内容を入力してもかまいません。

[ラベルオプション] ダイアログボックスが表示され、ラベルの種類を選択できます。最初にここからラベルの設定を行います。

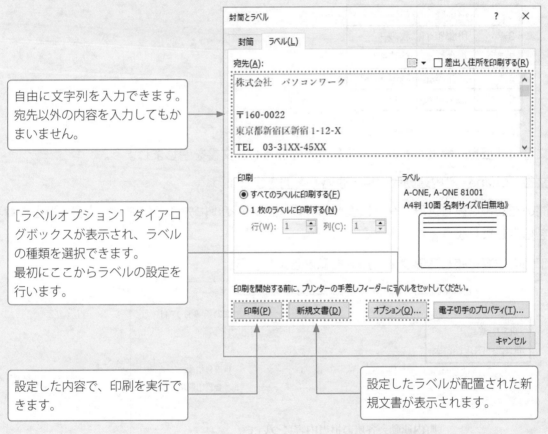

設定した内容で、印刷を実行できます。

設定したラベルが配置された新規文書が表示されます。

【章末練習問題 1】差し込みレターの作成

📁 スクール応用_Word 2019 ▶ 📁 CHAPTER6 ▶ 📁 章末練習問題 ▶ W 「Chap6_ 町内運動会の担当連絡」

1 白紙の文書を新規作成し、下図を参考に表を作成しましょう。表の挿入時には、自動調整の
オプションとして "文字列の幅に合わせる" を指定しましょう。

班番号	班長氏名	担当内容
1	田中隆	放送
2	伊藤雅子	救護
3	小倉なお	接待
4	三浦孝雄	誘導・整列
5	松本直哉	写真

2 文書に「担当一覧表」という名前を付けて保存し、文書を閉じましょう。

3 文書「Chap6_ 町内運動会の担当連絡」を開きましょう。

4 開いた文書を差し込みレターに変換し、データファイルに先ほど作成した文書 "担当一覧表"
を指定しましょう。

5 下図の位置に差し込みフィールドを配置しましょう。

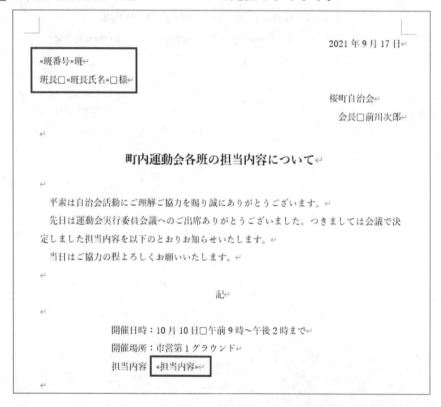

6 結果をプレビューして、1件ずつレコードを確認しましょう。

7 文書を上書き保存して閉じましょう（印刷は任意です）。

＜完成例＞

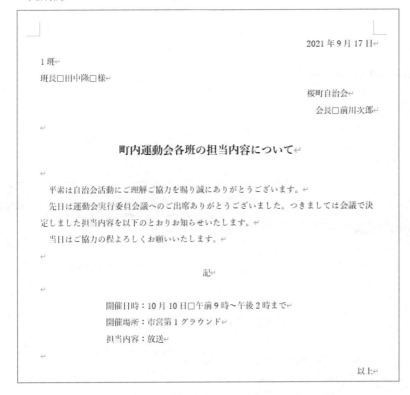

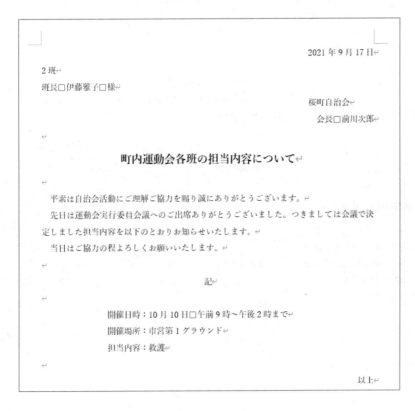

2021 年 9 月 17 日

3 班
班長□小倉なお□様

桜町自治会
会長□前川次郎

町内運動会各班の担当内容について

平素は自治会活動にご理解ご協力を賜り誠にありがとうございます。
先日は運動会実行委員会議へのご出席ありがとうございました。つきましては会議で決定しました担当内容を以下のとおりお知らせいたします。
当日はご協力の程よろしくお願いいたします。

開催日時：10 月 10 日□
開催場所：市営第 1 グラ
担当内容：接待

2021 年 9 月 17 日

4 班
班長□三浦孝雄□様

桜町自治会
会長□前川次郎

町内運動会各班の担当内容について

平素は自治会活動にご理解ご協力を賜り誠にありがとうございます。
先日は運動会実行委員会議へのご出席ありがとうございました。つきましては会議で決定しました担当内容を以下のとおりお知らせいたします。
当日はご協力の程よろしくお願いいたします。

記

開催日時：10 月 10 日□午前 9 時〜午後 2 時まで
開催場所：市営第 1 グラウンド
担当内容：誘導・整列

以上

---

5 班
班長□松本直哉□様

会長□前川次郎

町内運動会各班の担当内容について

平素は自治会活動にご理解ご協力を賜り誠にありがとうございます。
先日は運動会実行委員会議へのご出席ありがとうございました。つきましては会議で決定しました担当内容を以下のとおりお知らせいたします。
当日はご協力の程よろしくお願いいたします。

記

開催日時：10 月 10 日□午前 9 時〜午後 2 時まで
開催場所：市営第 1 グラウンド
担当内容：写真

以上

【章末練習問題 2】 宛名ラベルの作成

1 新規の白紙の文書を表示し、以下の製造元、製品番号のラベルを設定しましょう。
- 製造元 : "Hisago"
- 製品番号 : "Hisago OP861"

2 データファイル「旅行サークル住所録」（Excel ブック）の "Sheet1$" を指定して、下図を参考に差し込みフィールドを配置し、結果をプレビューしましょう。

※この練習問題ではデータファイルに Excel ブックを指定しています。指定時にワークシートを選択する画面が表示されます。その中から "Sheet1$" を選んでください。

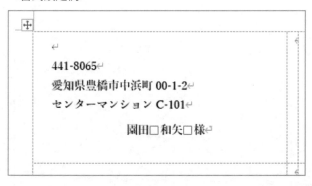

3 下図を参考に、1 枚目のラベルに以下のように書式を設定しましょう。
- フォント : "游明朝 Demibold"
- 左インデント : "1 文字分増やす"
- 名前のフィールドを配置した行 : "中央揃え"、"段落前 0.5 行"

＜書式設定例＞

4 1 枚目のラベルの書式設定をすべてのラベルに反映しましょう。

5 作成した宛名ラベルに「旅行サークル宛名ラベル」という名前を付けて保存して、文書を閉じましょう。

＜完成例＞

441-8065
愛知県豊橋市中浜町 00-1-2
センターマンション C-101

　　　園田□和矢□様

456-0031
愛知県名古屋市熱田区神宮 1-0-3

　　　金森□宏□様

465-0041
愛知県名古屋市名東区朝日が丘 0-2

　　　三和□良子□様

441-8153
愛知県豊橋市高師本郷町 0-5-3

　　　原口□重行□様

489-0803
愛知県瀬戸市追分町 0-0-12
モジュールワン S-105

　　　富田□幸一□先生

総合練習問題

学習のまとめとして、総合練習問題に挑戦しましょう。本書で学習したさまざまな機能を組み合わせて文書を完成させます。
練習で作成した文書が本書の完成例と多少違っていても問題はありません。ここまでの学習を活かして自分なりの文書を作成しましょう

【総合練習問題 1】 備品取扱いマニュアル

本書で学習したさまざまな機能を使って文書を完成させましょう。

📁 スクール応用 _Word 2019 ▶ 📁 総合練習問題 ▶ W 「備品取扱いマニュアル」

1 文書「備品取扱いマニュアル」を開きましょう。

2 以下を参考に、文書内の該当箇所に見出しスタイルを設定しましょう。

プリンター（複合機）…………………………	見出し1
機器情報…………………………………	見出し2
型番 / 所有台数 ………………………	見出し3
収納（設置）場所 ……………………	見出し3
付属品 …………………………………	見出し3
消耗品 …………………………………	見出し3
使い方 ……………………………………	見出し2
コピー機能を使用する ………………	見出し3
スキャン機能を使用する ……………	見出し3
プロジェクター………………………………	見出し1
機器情報…………………………………	見出し2
型番 / 所有台数 ………………………	見出し3
収納（設置）場所 ……………………	見出し3
付属品 …………………………………	見出し3
消耗品 …………………………………	見出し3
使い方……………………………………	見出し2
パソコンの画面を投写する …………	見出し3
映像を拡大する ………………………	見出し3

3 以下を参考に、見出し1、見出し2、見出し3スタイルの書式を変更して、更新しましょう。

※以下は完成例の書式ですが、自由に書式を設定してもかまいません。

＜見出し1スタイル＞

段落罫線：種類 " 影 "、線の種類 " 標準 "、色 " 黒 (自動) "
フォント："HGS 創英角ゴシック UB"
フォントサイズ："16pt"

＜見出し 2 スタイル＞

> 背景の塗りつぶしの色：" テーマの色 " の " 灰色、アクセント 3、白 + 基本色 60%"
>
> フォント：" 游ゴシック "、" 太字 "
>
> フォントサイズ：" 14pt"
>
> フォントの色：" テーマの色 " の " ブルーグレー、テキスト 2"
>
> 段落後の間隔：" 0.5 行 "

＜見出し 3 スタイル＞

> 段落罫線：種類 " 指定 " で下側のみ、線の種類 " 二重線 "、色 " テーマの色 " の " オレンジ、アクセント 2"
>
> フォント：" 游ゴシック "、" 太字 "
>
> フォントサイズ：" 10.5pt"
>
> フォントの色：" テーマの色 " の " オレンジ、アクセント 2"
>
> 左インデント：" 0 文字 "

4 2 ページ目の文字列 " ＜白黒コピー＞ " に設定されている書式を基に、" 操作ボタン " という文字スタイルを作成しましょう。作成した文字スタイルは 2 ページ目の文字列 " ＜カラーコピー＞ " と " ＜スキャン＞ "、3 ページ目の文字列 " ＜ズーム (+) ＞ "、" ＜ズーム (-) ＞ "、" ＜ズーム解除＞ " に適用しましょう。

※検索機能を使って " ＜ " の文字を検索すると見つけやすくなります。

5 文書内の " 使い方 " という文字列をすべて " 使用方法 " に置き換えましょう。

6 4 ページ目の " 備品一覧 " の各段落にタブマーカーを設定しましょう。約 10 字の位置と約 20 字の位置に左揃えタブを設定しましょう。

7 " 備品一覧 " に " 付属品 " という項目を追加することになりました。しかしタブではこれ以上データを入力するスペースを確保できません。そこで、現在タブで区切られている備品一覧を表に変換しましょう。

8 下図を参考に、表に変換した " 備品一覧 " を編集して仕上げましょう。

備品一覧←

備品名←	型番←	収納（設置）場所←	付属品←
プリンター←	EDP-2034F←	事務所プリンター台（付属品はキャビネット 4 番）←	セットアップディスク、製品マニュアル、CD ラベル用アダプター、電源コードと接続ケーブル
プロジェクター←	WUE-1002SR←	備品倉庫、キャビネット 1 番←	リモコン、持ち運び用ケース、電源ケーブル、接続ケーブル、取扱い説明書

←

9 1ページ目の文字列"備品取扱いマニュアル"はテキストボックスで入力されています。下図を参考に、文字列とテキストボックスに任意の書式を設定しましょう。また、テキストボックスの位置やサイズも調整しましょう。

10 1ページ目に挿入されているプリンターの画像に重なるように正円の図形を描画しましょう。塗りつぶしの色、枠線の色などの設定は任意です（ただし、塗りつぶしの色は"なし"に設定しないでください）。

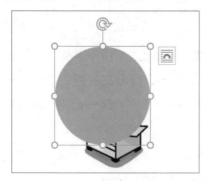

11 プリンターの画像の前面に描画した正円の図形を背面に配置しましょう。

12 下図を参考に、プリンターの画像と正円の図形をグループ化してサイズや位置を調整しましょう。

13 文字スタイル"操作ボタン"の文字の色を"標準の色"の"赤"に変更して、スタイルを更新しましょう。

14 文書を上書き保存して閉じましょう。

【総合練習問題 2】パンフレット送付状

本書で学習したさまざまな機能を使って文書を完成させましょう。

📁 スクール応用 _Word 2019 ▶ 📁 総合練習問題 ▶ Ⓦ「パンフレット送付状」

[1] 文書「パンフレット送付状」と「パンフレット送付一覧表」を開きましょう。

[2] 文書「パンフレット送付一覧表」の表の1列目の列の幅を文字列が収まる程度の幅まで狭くしましょう。ただし、隣の列には影響を与えないように1列目を狭くします。

[3] "顧客住所1"の左側に新しい列を1列追加して、下図のように郵便番号を入力しましょう。

No.	顧客番号	顧客名（姓）	顧客名(名)	郵便番号	顧客住所1	顧客住所2	送付パンフ1	部数1	送付パンフ2	部数2	印刷
1	1001	沢村	祥子	500-0000	岐阜県岐阜市XX 0-0	ウィンドコート201	社会福祉士講座	1部	医療事務講座	1部	
2	1002	花ノ木	真帆	350-1100	埼玉県川越市XX 0-1-1		公務員試験講座	1部			
3	1003	水谷	香代子	780-0000	高知県高知市XX 00		社会保険労務士講座	1部	中小企業診断士講座	1部	
4	1004	植原	葉子	514-0000	三重県津市XX 1-0-1	コーポHANA 303	不動産鑑定士講座	1部	土地家屋調査士講座	1部	

[4] 文書「パンフレット送付一覧表」を上書き保存して閉じましょう。

[5] 文書「パンフレット送付状」の"カタログ"という文字列をすべて"パンフレット"に置き換えましょう。

[6] 文書「パンフレット送付状」を差し込みレターに変換し、データファイルとして文書「パンフレット送付一覧表」を設定しましょう。

[7] 下図を参考に、差し込みフィールドを設定しましょう。

〒«郵便番号»
«顧客住所1»
«顧客住所2»
«顧客名（姓）»□«顧客名（名）»□様

オンラインスクール□MANABI

拝啓□晩秋の候、«顧客名（姓）»様におかれましてはますますご清祥のこととお慶び申し上げます。

《送付内容》

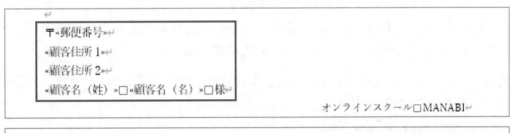

以上

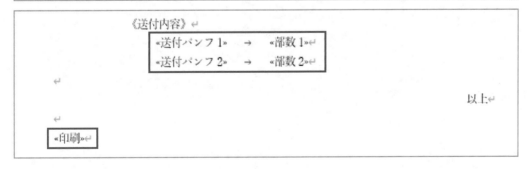

⑧ 下図を参考に、"送付パンフ1"と"送付パンフ2"の段落にタブマーカーとタブリーダーを設定しましょう。

- タブマーカーの位置："約26字"
- タブリーダーの種類：⦿ -------⑶

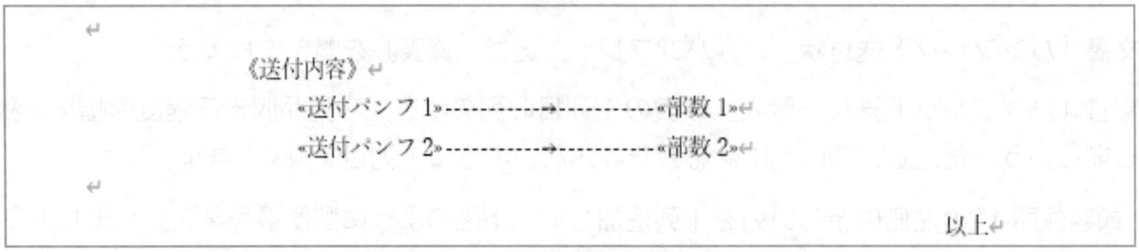

《送付内容》↵
«送付パンフ1»-------------→-------------«部数1»↵
«送付パンフ2»-------------→-------------«部数2»↵

以上↵

⑨ "印刷"の差し込みフィールドに以下のように書式を設定しましょう。

※印刷が済んだレコードには、大きく"済"と表示されるように書式を設定しています。

- フォントサイズ："24pt"
- フォントの色："標準の色"の"赤"

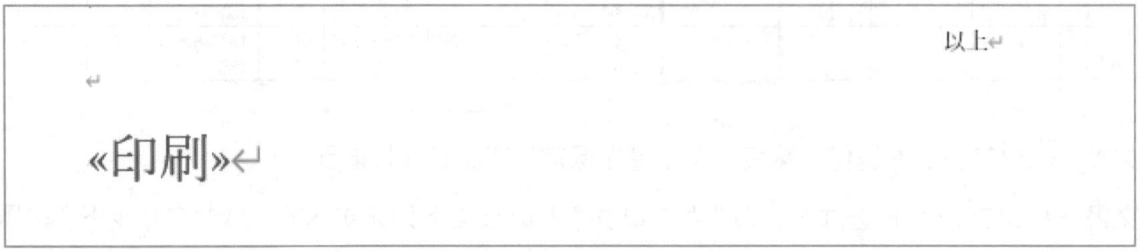

以上↵

《印刷》↵

⑩ 結果をプレビューして、すべてのレコードを確認しましょう。

⑪ 1レコード目だけを印刷しましょう。

※印刷環境が整っていない場合は、印刷の実行はしなくてもかまいません。

⑫ 文書「パンフレット送付状」を上書き保存して閉じましょう。

⑬ 文書「パンフレット送付一覧表」を開いて、表の"印刷"の列の1行目（1レコード目）に「済」と入力しましょう。入力が終わったら上書き保存して閉じましょう。

⑭ 再度、文書「パンフレット送付状」を開いて、1レコード目の下部に赤字で大きく"済"と表示されていることを確認しましょう。

⑮ 文書「パンフレット送付状」を閉じましょう。

【総合練習問題1】備品取扱いマニュアル　完成例

備品取扱いマニュアル

プリンター（複合機）

■ 機器情報

■ 型番／所有台数
EDP-2034F／1台

■ 収納（設置）場所
事務所プリンター台（付属品は備品倉庫、キャビネット4番）

■ 付属品
セットアップディスク、製品マニュアル、CDラベル用アダプター、電源コードと接続ケーブル（これらは現在プリンター本体に接続されています）

■ 消耗品
A4用紙、A3用紙、B5用紙、B4用紙（R社・リサイクル）
インク（N社メーカー純正品）
ラベル用紙（S社・A4サイズ）

■ 使用方法

■ コピー機能を使用する
本体のカバーを開いて、コピーする原稿を原稿台にセットします。原稿は原稿台の左上側に合わせます。原稿がセットできたら原稿カバーをゆっくり閉じ、本体操作パネルの＜白黒コピー＞または＜カラーコピー＞ボタンを押します。コピー部数を設定したい場合はコピーボタンを押す前に操作パネルの数字ボタンで必要な部数を指定します。

■ スキャン機能を使用する
本体のカバーを開いて、スキャンする原稿を原稿台にセットします。原稿は原稿台の左上側に合わせます。原稿がセットできたら原稿カバーをゆっくり閉じ、本体操作パネルの＜スキャン＞ボタンを押します。スキャンの各種設定は接続されているパソコンで設定します。スキャンしたデータはパソコンのピクチャフォルダーに自動的に保存されます。

プロジェクター

■ 機器情報

■ 型番／所有台数
WUE-1002SR／2台（プロジェクター本体）
KS58-80／2台（80型スクリーン）

■ 収納（設置）場所
備品倉庫、キャビネット1番（プロジェクター本体）
備品倉庫、棚A（スクリーン）

■ 付属品
リモコン、持ち運び用ケース、電源ケーブル、接続ケーブル、スクリーン用ケース

■ 消耗品
プロジェクター交換用ランプ（F社）
吸気口フィルター（F社）

■ 使用方法

■ パソコンの画面を投写する
付属の接続ケーブルでパソコンとプロジェクターを接続し、プロジェクターのレンズカバーを開けて電源を入れます。パソコンの電源を入れ、出力先を外部モニターに切り替えます。

■ 映像を拡大する
投写している映像を拡大したいときは、リモコンの＜ズーム(+)＞ボタンを押します。一度押すと10%拡大され、押し続けるとさらに拡大されます。拡大を解除するには＜ズーム(-)＞ボタンを押し続けるか、＜ズーム解除＞ボタンを押します。

備品一覧

備品名	型番	収納（設置）場所	付属品
プリンター	EDP-2034F	事務所プリンター台（付属品はキャビネット4番）	セットアップディスク、製品マニュアル、CDラベル用アダプター、電源コードと接続ケーブル
プロジェクター	WUE-1002SR	備品倉庫、キャビネット1番	リモコン、持ち運び用ケース、電源ケーブル、接続ケーブル、取扱い説明書

【総合練習問題2】パンフレット送付状　完成例

令和2年11月5日

〒500-0000
岐阜県岐阜市XX□0-0-
ウィンドコート201
沢村□祥子□様

オンラインスクール□MANABI
〒001-0000□神奈川県横浜市○○
TEL：000-000-0000
E-mail：xxxx@xxxx.xx.jp

パンフレット送付のご案内

拝啓□晩秋の候、沢村様におかれましてはますますご清祥のこととお慶び申し上げます。
このたびは、弊社Webサイトよりパンフレットをご請求くださいまして誠にありがとうございます。
下記のパンフレットをお送りいたしましたので、ご高覧のうえご検討くださいますよう、よろしくお願いいたします。
なお、ご不明な点がございましたら、お気軽に弊社までお問い合わせください。
敬具

記

《送付内容》
社会福祉士講座...........1部
医療事務講座...........1部

以上

済

令和2年11月5日

〒780-0000
高知県高知市XX□00
水谷□香代子□様

オンラインスクール□MANABI
〒001-0000□神奈川県横浜市○○
TEL：000-000-0000
E-mail：xxxx@xxxx.xx.jp

パンフレット送付のご案内

拝啓□晩秋の候、水谷様におかれましてはますますご清祥のこととお慶び申し上げます。
このたびは、弊社Webサイトよりパンフレットをご請求くださいまして誠にありがとうございます。
下記のパンフレットをお送りいたしましたので、ご高覧のうえご検討くださいますよう、よろしくお願いいたします。
なお、ご不明な点がございましたら、お気軽に弊社までお問い合わせください。
敬具

記

《送付内容》
社会保険労務士講座...........1部
中小企業診断士講座...........1部

以上

Index

■本書についてのお問い合わせ方法、訂正情報、重要なお知らせについては、下記 Web ページをご参照
　ください。なお、本書の範囲を超えるご質問にはお答えできませんので、あらかじめご了承ください。

　　　https://project.nikkeibp.co.jp/bnt/

いちばんやさしい Word 2019 スクール標準教科書　応用

2020 年 11 月 24 日　初版第 1 刷発行

著　　　者　日経 BP
発　行　者　村上 広樹
発　　　行　日経 BP
　　　　　　東京都港区虎ノ門 4-3-12　〒 105-8308
発　　　売　日経 BP マーケティング
　　　　　　東京都港区虎ノ門 4-3-12　〒 105-8308
装　　　丁　重保 咲
印　　　刷　大日本印刷株式会社

・本書に記載している会社名および製品名は、各社の商標または登録商標です。なお、本文中に TM、Ⓡ マー
　クは明記しておりません。
・本書の例題または画面で使用している会社名、氏名、他のデータは、一部を除いてすべて架空のものです。

© 2020 Nikkei Business Publications, Inc.
ISBN978-4-8222-8751-1　　　Printed in Japan